**coletivo
21**
ANTOLOGIA

"coletivo 21

Adriano Macedo (Org.)
André Rubião
Antonio Barreto
Branca Maria de Paula
Caio Junqueira Maciel
Carlos Herculano Lopes
Cláudio Martins
Cristina Agostinho
Dagmar Braga
Duílio Gomes
Francisco de Morais Mendes
Jaime Prado Gouvêa
Jeter Neves
Jorge Fernando dos Santos
Leo Cunha
Luís Giffoni
Malluh Praxedes
Neusa Sorrenti
Olavo Romano
Ronald Claver
Ronaldo Guimarães
Ronaldo Simões Coelho
Sérgio Fantini '

ANTOLOGIA

autêntica

Copyright © 2011 Os autores
Copyright © 2011 Autêntica Editora

EDIÇÃO
Adriano Macedo e Jorge Fernando dos Santos

PROJETO GRÁFICO DE CAPA
Cláudio Martins

EDITORAÇÃO ELETRÔNICA
Júlio Abreu

REVISÃO
Sérgio Fantini e autores

EDITORA RESPONSÁVEL
Rejane Dias

Revisado conforme o Novo Acordo Ortográfico.

Todos os direitos reservados pela Autêntica Editora. Nenhuma parte desta publicação poderá ser reproduzida, seja por meios mecânicos, eletrônicos, seja via cópia xerográfica, sem a autorização prévia da Editora.

AUTÊNTICA EDITORA LTDA.
Belo Horizonte
Rua Aimorés, 981, 8º andar . Funcionários
30140-071 . Belo Horizonte . MG
Tel.: (55 31) 3222 6819

São Paulo
Av. Paulista, 2073 . Conjunto Nacional
Horsa I . 11º andar . Conj. 1101 . Cerqueira César
01311-940 . São Paulo . SP
Tel.: (55 11) 3034 4468

Televendas: 0800 283 13 22
www.gutenbergeditora.com.br

Dados Internacionais de Catalogação na Publicação (CIP)
(Câmara Brasileira do Livro, SP, Brasil)

Coletivo 21 : antologia / organizado por Adriano Macedo – Belo Horizonte : Autêntica Editora, 2011.
  Bibliografia
  ISBN 978-85-7526-570-3

  1. Contos brasileiros - Coletâneas 2. Ficção brasileira - Coletâneas I. Macedo, Adriano.

11-09265   CDD-869.9308

Índices para catálogo sistemático:
  1. Contos : Coletâneas : Literatura brasileira 869.9308
  2. Ficção : Literatura brasileira : Coletâneas 869.9308

Para
Cunha de Leiradella,
português mineiro adotivo, companheiro dos coletivos
e
Alécio Cunha,
poeta, jornalista, amigo dos amigos.

Vivina de Assis Viana 9
Prefácio: Passe a página

Adriano Macedo 11
Nossa Senhora das Águas

André Rubião 18
Um elefante na sala de estar

Antonio Barreto 25
Trexpoemas

Branca Maria de Paula 30
Interdito

Caio Junqueira Maciel 35
Festa no céu
Magirus
O pensamento
O urso
Pela estrada afora

Carlos Herculano Lopes 39
O apito do trem
Mulher se maquiando

Cláudio Martins 43
Moleskine

Cristina Agostinho 48
Trágico Blackout

Dagmar Braga 54
[Como se fosse domingo]
Entrementes
Lembrança

Duílio Gomes 58
Starville
Grou Coroado

Francisco de Morais Mendes 63
Os que seguem garotas

Jaime Prado Gouvêa 67
Os pardais da fazenda do meu tio

Jeter Neves 74
A árvore

Jorge Fernando dos Santos 80
Os fantasmas do velho general

Leo Cunha 87
Versos e aforismos

Luís Giffoni 90
Triunfo

Malluh Praxedes 93
Os gêmeos
A menstruação da ascensorista
A mãe e a filha

Neusa Sorrenti 97
Contos diminutos

Olavo Romano 101
Minas na veia

Ronald Claver 107
Uma rua chamada Bahia

Ronaldo Guimarães 111
Parkinson

Ronaldo Simões Coelho 118
Ser e não ser

Sérgio Fantini 122
A Rainha do Egito

Passe a página
Vivina de Assis Viana[1]

"Embarcando naquele trem imaginário, dezembro de um ano qualquer — há quanto tempo não se confessa, minha filha? —, desabotoei as horas lentamente, hora de dormir, faltava pouco tempo para escurecer e os pardais começaram a gritar no alto das árvores depois de estragarem os laranjais, os ninhos em qualquer lugar além do rio, fecho os olhos, lá estão eles, uma noite, sonhei que dormia nos braços de Hemingway, meu pão com ovo, seus olhos míopes apenas se iluminavam para as histórias opacas dos antigos romances, universo dos versos e parágrafos, veredas da alma, aquele bar da rua da Bahia, foi ali mesmo que eu o conheci, tempos atrás, gosto de ir e vir, meu irmão foi quem primeiro descobriu as delícias de se montar em um cavalo, ficava horas vigiando bem-te-vi, ele queria mesmo era ser o centerfor, as histórias um dia acabam, não posso acordar, se eu acordar, cantarolando bem assim, feliz, interromperei muitas coisas, nada será como antes, dúvida é minha palavra favorita, mas não tenho certeza, por favor, me passe a página."

O texto acima, bom de ler e de pensar, poderia ser o início de uma história. O meio, o final.

Um belo texto de um bom autor, o leitor imaginaria. De um único autor. Puro engano.

Iniciando-se com uma frase de Carlos Herculano Lopes e finalizando com uma de Cláudio Martins, o texto acima passeia pelas frases de mais vinte e um autores mineiros, todas elas contidas nos contos e poemas desta antologia.

---

[1] Escritora e consultora editorial, é mineira de Morro do Ferro e mora em São Paulo.

Coletivo 21, título mais sintomático que simbólico, carimba as intenções de um grupo de escritores que pretende analisar, discutir e, se possível, apreender — com sensatez e sensibilidade —, dentro e fora dos livros, a insensatez e a insensibilidade que, nos últimos tempos, povoam certos segmentos político/artísticos da sociedade, sobretudo no que se refere à literatura do século 21.

Século que, olho fixo na tela, lê, escreve, *edita, seleciona, recorta, cola, copia.*

Olhos fixos em cada conto e em cada poema deste livro que cruzou meus caminhos de leitora do século 21, selecionei, recortei, colei, copiei. Retalho a retalho, alinhavei, costurei. O resultado aí está.

Em *Coletivo 21*, a solidão que possibilita, a cada autor, tornar-se dono de suas próprias palavras foi incapaz de impedir que, sintonizadas e irmanadas, elas pudessem se tornar uma só. Lidas de um só fôlego, "coletivas", fiéis ao título e ao século.

Os textos, alguns de escritores e amigos que venho admirando e cultivando vida afora, foram lidos, confesso, com ternura e saudade. Quase inveja. Outros, de autores mais jovens, com agradável surpresa.

Guardadas as esperadas e inevitáveis diferenças individuais — estilísticas e/ou comportamentais —, percebe-se, em "Coletivo 21", um fator unificador. Um jeito mineiro de existir. De dizer, sentir. De entrar em sintonia.

Fiéis e coerentes, os autores dedicaram o livro ao escritor e amigo Cunha de Leiradella, português que há quem jure haver nascido em Minas e que, juro, se emocionará com essas leituras. E também o dedicaram ao poeta e jornalista Alécio Cunha que, se vivo estivesse, certamente embarcaria neste coletivo.

Caro leitor, retalho a retalho, alinhave, costure. Recorte, selecione. Cole, copie. E, *por favor, passe a página.*

Adriano Macedo

Belo Horizonte. Jornalista, escritor e produtor cultural. *Editor da Gazeta Mercantil*, de 1996 a 2002, onde publicou resenhas, artigos e perfis literários no suplemento *Fim de Semana* e no caderno *Minas Gerais* (seção Nascentes Literárias). Autor do livro de contos *O Retrato da Dama* (Autêntica). Tem textos publicados nos sites *Tanto*, *Releituras* e *Tiro de Letra*, na revista eletrônica portuguesa *Triplov*, no *Suplemento Literário de Minas Gerais* e na coletânea de minicontos *Pitanga* (Lisboa, Portugal). De 2004 a 2005 morou em Paris, onde desenvolveu a pesquisa *Trilhas Literárias*. Foi também produtor executivo e curador de eventos literários em Belo Horizonte, Ipatinga e Sete Lagoas, dentre eles os Salões do Livro de Minas Gerais e de Ipatinga e o Seminário de Literatura Infantil e Juvenil do Vale do Aço. Escreveu e editou publicações especiais, com ênfase em história e cultura, para o Sebrae/MG: *Cachaças — Minas Gerais* (2010); *Forró & Sabor — Curvelo* (2010); e *História & Sabor — Paraopeba* (2010). Idealizador e coordenador do grupo Coletivo 21.

Nossa Senhora das Águas

Amanhecer na praia

O casal molha os pés. Cabelos grisalhos, roupas de banho da mesma cor, pretas. As afinidades já foram além das cores. Até o dia em que perderam a principal conexão da família, concebida há décadas no litoral da Bahia, em lençóis cercados de dunas. Ele se agacha para tocar a água; ela mira o horizonte. Se dependesse da vontade dela, não estaria ali, mas deixou de fazer escolhas desde a ausência definitiva do filho. O marido resignou-se e tenta fazer planos para os dois, mas as marés de cada um não são mais coincidentes.

— O Túlio ia gostar de tá aqui — disse a mulher.
— Talvez esteja num lugar melhor — rebateu o marido.
— O melhor lugar seria ao nosso lado.
O homem silencia.
— Quando eu era menina, achava que o mar acabava no horizonte.
— Você nunca me contou isso.
— Agora que eu tô lembrando. Pensava que a água se transformava numa cachoeira gigante lá no fim. Ficava com medo de entrar e de ser levada pela água.
— Você ainda tem medo?
— Não tenho medo de mais nada... O Túlio nunca teve.
— Por isso escolheu o mar.
— É... Se tivesse, não teria se arriscado tanto.
— A paixão do Túlio era o fundo do mar, era a vida dele.
— Ele era a nossa vida.
— Ainda é.
— Mas a nossa vida não é mais a mesma.
— Nem este é o mesmo mar.
— Nunca será como antes.
O homem silencia novamente.

Manaíra

Não são nem sete horas em João Pessoa. Na praia de Manaíra, outro casal entra na água. A mulher carrega a criança, uma menina de pouco mais de um ano. Meia hora de banho de mar, antes que o sol levante fervura. Na calçada e na rua ao longo da orla, pessoas de todas as idades, a pé e de bicicleta, exercitam-se antes de mergulhar de cabeça nos compromissos do dia. Duas mulheres conversam enquanto caminham.

— Quê que ele queria? Que você esquecesse tudo num piscar de olhos?

— Eu tava bem de botar um par de chifres no safado.

— Mas pensa com calma, não precipita.

— Precipitar? Eu vou é dar uma lição no cachorro! Vou ligar pro Carlos. Ele odeia o Carlos, morre de ciúmes!

— Toma cuidado pra não complicar as coisas...

Em sentido contrário, quatro homens de meia idade igualmente confabulam durante a marcha.

— Nessas horas tem que cortar o mal pela raiz.

— E quanto foi?

— Calculei bem uns cem mil.

— Chamou a polícia?

— Não, um couro no cabra vai bem melhor.

Um garoto caminha de mãos dadas com a mãe. A outra mão segura firme uma bola debaixo do braço. Ela estende a toalha na areia. O menino observa um rapaz chutar uma bola em direção a duas crianças dentro d'água.

— Pode brincar com eles, se quiser.

— Não, quero ficar aqui.

— Leva sua bola e joga com eles.

— Não quero!

O menino quer, mas tem receio de ver a bola nova ser embicada da mesma forma para a água. E se perder mar adentro.

Um senhor de meia idade senta-se na murada que separa a calçada da areia. Preso à coleira, o rottweiler imita o dono e acomoda-se no passeio. O pensamento do homem está longe dali. Tenta farejar de onde vai tirar mais dinheiro. Não são apenas as contas a pagar, precisa enviar uma quantia ao irmão doente no sertão.

Uma mulher nada a uns trinta metros da praia. Só ela sabe o que veleja na cabeça enquanto tenta costurar, uma vez mais, uma linha reta até a Ponta do Seixas. Repete o trajeto todo dia como se fosse um ritual, iniciado na adolescência.

No céu, a brisa empurra nuvens desgarradas rumo ao continente.

Uma senhora, de chapéu de palha e vestido branco, de tramas vazadas de algodão colorido sobre o maiô azul, ajoelha-se sobre a esteira de palha. Os olhos fechados, as mãos em oração. Inspira calma e profundamente. Aprecia o ar puro que vem do mar.

A jornada é consagrada a Nossa Senhora da Conceição. É dia, também, de festa para Iemanjá. Para alguns seguidores, Nossa Senhora das Águas começou a ser cultuada logo cedo.

Um homem de tênis corre na praia. Saiu do Bessa. Pretende seguir até Cabo Branco antes de retornar. No caminho, em meio aos sargaços, constata vestígios das primeiras oferendas lançadas à rainha das águas. Rosas brancas solitárias ou com as pernas cruzadas umas às outras são cuspidas de volta para a areia. Passa por duas crianças pequenas, acompanhadas da irmã mais velha, de seus oito anos. As meninas brincam de plantar as flores.

Oferendas

Em Tambaú, um rapaz de calça jeans e camisa de malha escura jaz tombado próximo a um quiosque. É conhecido por ali como um tremendo caixa d'água. Ao lado de outro quiosque, um homem dorme sobre o balcão. O corpo o forçou a ficar por ali ao invés de pegar a condução às cinco da manhã até Cabedelo. Dentro de pouco tempo abrirá o bar para os clientes do dia.

Próximo ao hotel em forma de disco-voador, os barcos repousam sobre as ondas. Como cães adestrados, aguardam a hora da próxima partida. Sob as bênçãos de Iemanjá, alguns seguirão em breve para alto mar. Outros, dentro de mais um par de dias, deslizarão rumo aos bancos de areia de Picãozinho. A maré ainda está alta. Um grupo de pescadores, com água acima da cintura, limpa o casco do Flor de Lucena.

Descalços, com os sapatos nos dedos, dois jovens casais, turistas ainda vestidos de noite, caminham em direção ao mar.

— O que é aquilo?
— Deve ser o preparativo de algum evento.
— Acho que é de uma festa religiosa, olha a santa lá em cima!
— Que santa deve ser?
— Não tenho ideia.
— Podemos fazer um pedido pra ela.
— Você não sabe nem o nome da santa...
— Mas santa é tudo igual, a gente só precisa é de ter fé.

Nossa Senhora das Águas encontra-se no altar improvisado no palácio montado em Cabo Branco, cercado de bandeiras azuis. A estrutura recebe os retoques finais para a festa noturna. Mas uma família inteira já se reúne à beira d'água. Duas senhoras, três mulheres, um rapaz, quatro moças e cinco crianças formam uma meia lua na areia. À frente, um homem beija a mulher no rosto e se agacha para carregar um cesto.

— Odô iyá, Iemanjá... — diz a mulher. É boa esposa, tolerante, carinhosa, vaidosa e apegada à família. Um dos seus grandes medos é a solidão. E sua maior angústia é carregar um buraco infértil no ventre. Não sabe onde errou. Os olhos úmidos retesam o choro. Mais tarde, vó Maria vai lançar os búzios para ver a ciência dela para o próximo ano. O marido acompanha outros dois homens, um pouco mais adiante. Entram no mar com as oferendas nos braços. As pernas avançam sob a água, que chega a atingir quase a altura do pescoço.

A menos de cem metros dali, três crianças, na faixa dos dez anos, disfarçam uma brincadeira, ao mesmo tempo em que acompanham o ritual à distância. Mais atentas ao balançar das cestas, os meninos esperam pacientes. Assim que o grupo deixa a areia e a primeira cesta é lançada de volta, correm para o mar.

— Iemanjá não quis! — expressa com espontaneidade uma das crianças.

— Oche, não tem tesouro! — diz a outra, a quem o colega encheu a cabeça de imaginação.

— Panha logo! — ordena a terceira.

Ligeiros, retiram as oferendas — espumante, vela, alfazema e sabonete — e saem correndo. Um pedaço de papel ficou para trás. Caiu para fora da cesta. O homem de tênis vê a cena, estaciona as pernas, reclina os joelhos e pega o bilhete, dobrado em dois. Fica entre bisbilhotar o pedido a Iemanjá e deixá-lo oculto. Olha discretamente para os lados e vê, a uns cinquenta metros, um preto velho agachado a tragar um cigarro de palha na mata rasteira. O homem tem a impressão de estar sendo observado em flagrante delito. Levanta-se, rasga o papel e o lança sobre as ondas. Mais por medo dos orixás do que pela falta de interesse ou pela censura do preto velho. Faz o caminho de volta, em direção à praia do Bessa.

— Eu sei que você tá cansado de ouvir as mesmas coisas — diz a mulher de maiô preto e cabelos grisalhos.

— Não tô cansado, mas sinto que você não é mais você.

— Sou o que sobrou de mim.

— Você deixou de fazer as coisas que mais gosta.

— Tô aqui, não estou?

— É, tá... pensei que não fosse conseguir.

— É engraçado, quando a onda vem, tenho a sensação de que o mar vai me devolver o Túlio... e o peito dói porque ele não aparece... Mas quando a água volta, parece que o mar tá me puxando pra dentro, como se quisesse me levar até ele.

— Isso é bom, você vai conseguir superar.

A mulher olha para o marido e o acaricia no rosto. O olho se enche d'água. O marido a envolve nos braços na expectativa involuntária de não deixar os sentimentos da mulher à deriva.

— Vamos embora?

— Vou dar apenas um mergulho.

— Tá bem, mas não demora. Vou comprar uma água de coco.

O homem sai da água e repara, pela primeira vez, nos preparativos do palácio montado para Iemanjá. Não sabe que o mar é salgado porque Nossa Senhora das Águas verte ali suas lágrimas pelos filhos que partiram. Quando olha para o mar, a fisionomia fica tensa. Vê a mulher se distanciar e nadar rumo ao horizonte.

André Rubião

Belo Horizonte. Doutor em Ciência Política (Universidade Paris 8), pesquisador do Centro de Estudos Sociais da América Latina (UFMG) e coordenador do Centro de Referência da Juventude (PBH). Publicou o romance *Um esqueleto no armário* (edição do autor, 2001), além de artigos, crônicas e poemas em jornais, revistas e coletâneas nacionais e internacionais. Ganhou os prêmios Marconi Montoli de Literatura (Formiga/MG, 2001) e Jovem Cientista Social de Língua Portuguesa (Universidade de Coimbra/Portugal, 2011).

Um elefante na sala de estar
(prelúdio de um romance em gestação)

Capítulo 1

> *Porém, caro Satã, eu vos conjuro, uma pupila menos carre gada! e à espera de minhas pequenas covardias em atraso, para vós que apreciais no escritor a ausência de faculdades descritivas ou instrutivas, arranco estas páginas odientas do meu caderno de maldito.*
>
> Arthur Rimbaud

Quando leu Rimbaud pela primeira vez, o jovem Kalipse não entendeu nada: acostumado com um mundo de sons, imagens e pessoas, ele parecia não se identificar com a monotonia das palavras.

Mesmo sem compreender aqueles versos, algo lhe pareceu claro: ao contrário do que estava habituado a ler na escola, e para sua surpresa, era possível perceber um grito de revolta no ar.

Esse encontro foi um rito de passagem. Como todo adolescente rebelde, Kalipse sempre teve admiração pela atitude dos músicos dos anos 1970. A literatura, por outro lado, lhe parecia algo morno, discreto, muito aquém dos acordes das deidades do rock. Os versos do jovem Arthur lhe deram as boas novas: além de Hendrix, Morrison, Joplin, havia outras overdoses no ar. E, ao contrário dos livros entediantes da escola, havia magia no universo daquela arte.

Mas o que era para ser uma simples descoberta acabou tomando proporções inesperadas. Perdido no universo dos versos e parágrafos, sem medo de afrontar a alquimia das palavras, Kalipse decidiu que iria se tornar um escritor. Mas como?, perguntaram muitos, incrédulos. Afinal, para exercer esse ofício, não é preciso ver as coisas de uma maneira especial?

Os que achavam que a decisão de Kalipse não passava de um capricho adolescente acabaram tendo uma surpresa.

Sua inspiração continuou sendo Rimbaud, e não apenas ele estava disposto a tudo para adentrar o "sagrado universo da vidência", como já sabia, seguindo os conselhos do poeta, o único caminho para tal ventura: o "desregramento de todos os sentidos".

Na verdade, Kalipse nem chegou a pensar duas vezes: sem os véus da caretice, no *belvedere* das palavras corrompidas, aquele horizonte literário apareceu de forma bem clara à sua frente.

Ibiza, começo dos anos 2000.

Kalipse:
"Era o terceiro ou quarto ecstasy da noite, já nem tinha mais certeza. Em vez dos tradicionais comprimidos, o que eu tava tomando era uma espécie de cristal, semissólido, cor-de-rosa, ou seja, o famoso MDMA, a substância ativa do ecstasy, pura, longe de qualquer alteração.

Antes de começar a tomar a droga, ainda no hotel, eu estava bastante ansioso: apesar da minha relativa experiência com relação ao ecstasy — já tinha experimentado várias vezes —, jamais havia provado o tal cristal de MDMA.

Como me disse Olivier, antes de sairmos:

— Prepare-se, Kalipse, vai ser a primeira vez que você vai realmente sentir os efeitos da droga.

Era mais um domingo de verão, de muito sol, na bela Eivissa, como diziam os moradores da ilha. Ainda era de tarde quando chegamos à Space, uma das boates mais tradicionais do balneário, cuja célebre *sunday journey* — das onze da manhã às sete da manhã do dia seguinte — era considerada uma Meca no cenário da música eletrônica internacional.

A grande atração daquela noite era o DJ Carl Cox. Como ele só estava programado para começar a tocar às oito da noite, ao chegar à Space, seguindo os conselhos de Olivier, tomei apenas a metade de um dos comprimidos normais de ecstasy que havia sobrado do dia anterior.

— *The best, for last*! — me disse ele, sorridente, com seu sotaque francês, seguro de que eu estava para ter uma das experiências mais fantásticas da minha vida.

Sempre tive cuidado com relação às drogas. Apesar do cartel razoavelmente respeitado, tanto em quantidade como em variedade, e de ter me tornado, no que toca à inspiração artística, um frequentador assíduo dos paraísos artificiais, eu procurava fazer tudo de forma cautelosa. Assim, em se tratando de ecstasy, as regras eram simples: quem vendeu, qual o nome do comprimido, quem experimentou... Além disso, mesmo que a fonte fosse segura, ao contrário de Olivier, eu gostava de ir devagar, *piano, piano*, como num *adagio*, tomando no máximo meio comprimido, acompanhando o efeito da droga e a reação do meu corpo, para só depois começar, como num *allegro* quase *presto* de uma sonata, a acelerar, chegando a tomar dois, três, quatro, ou quem sabe, até mesmo, fugindo completamente à regra, dissonante como numa escala impressionista, me entregar por inteiro aos excessos, exatamente como acabou acontecendo naquele dia.

E foi uma loucura! Antes de tudo, para compreender, é necessário descrever a Space. A boate tem duas pistas, uma interna, outra externa, sendo o auge do domingo sempre do lado de fora, ao ar livre, lá pelas nove, dez horas, quando a pista fica lotada e o sol começa a se pôr. É importante lembrar também que o domingo na Space era um dia mais tradicional. Não era como as quartas, na Amnesia, onde a festa La Troya tinha banho de espuma com jato de gelo seco e ficava todo mundo, na maioria os gays, se sarrando, sem camisa, no meio da pista, ou como as segundas, na Privilege, na famosa festa Manumission, onde geralmente iam mais de dez mil pessoas e acabava rolando de tudo. Aos domingos, na Space, havia relativamente pouca gente e, como o melhor da festa ocorria ainda à luz do dia, a pista acabava ganhando uma atmosfera especial.

Na verdade, não sei o que acontecia. Talvez fosse o fato de todos ficarem ali, expostos ao sol, que acabava criando uma intimidade entre as pessoas, mas a minha impressão, após ser introduzido em Borges, é que cada um daqueles indivíduos era um jogo de espelhos, parado, no meio da pista, criando os famosos labirintos multifacetados. Afinal, não apenas eu me reconhecia e me transformava, me reproduzindo naqueles olhares infinitos, como cada um deles parecia denunciar, a cada reflexo, um sentimento de cumplicidade: éramos testemunhas do mesmo crime, testemunhas da mesma felicidade."

Foi pouco antes de o DJ Carl Cox entrar que Kalipse começou a tomar o cristal de MDMA. Olivier tinha lhe mostrado, com os dedos, mais ou menos a quantidade de uma dose, e ele acabou pegando a metade para ver qual seria a sensação.

Olivier estava com o restante dos amigos, bem próximo à cabine do DJ, mas Kalipse preferiu ficar um pouco mais distante, sozinho, para poder se concentrar nos efeitos da droga. Além disso, ele já se conhecia o suficiente para saber que, na hora que o ecstasy realmente fizesse efeito, ele ia ter que se apoiar em algum lugar para não cair no chão.

Era um pouco estranho aquilo — Olivier vivia lhe gozando —, mas a sensação que Kalipse tinha com a droga era parecida com a dos opiáceos: algo introspectivo e corporal, bem voltado para dentro.

E, com o MDMA, não foi diferente. Ele estava num canto, no alto da pista, e a primeira coisa que fez, assim que a droga começou a fazer efeito, foi segurar no tablado ao lado. Em seguida, de forma mecânica, sem controle, bastou fechar os olhos, escutar a música e deixar as sinapses lhe invadirem de prazer.

Kalipse:
"Como eu ia dizendo, já devia ser o terceiro ou quarto ecstasy da noite. O corpo vibrava de forma diferente, a respiração ia ficando mais rápida, a pupila dilatando, o suor aumentando...

Água, água, caralho, muita água para segurar a onda. De repente, era impressionante: a boate estava lotada e todo mundo, sem exceção, batia palmas, sorrindo e gritando, no mesmo ritmo, na mesma frequência, tanto da droga quanto da música.

Do outro lado da pista, havia um grupo de meninas, lindas, também completamente ecstasiadas, que, ao perceberem meu delírio, começaram a me dar tchauzinhos, todas sorridentes. E eis a magia daquele fim de tarde na Space: em meio ao brilho caleidoscópico das luzes e dos corpos enfeitados, a uma variedade de sons e mentes fragmentadas, aqueles foram simples gestos, simples olhares, nada mais que pequenos detalhes. Mas foi tudo de maneira tão descontraída, tão delicada, que parecia que toda a perversão, toda a loucura, todos os excessos daquele instante, iam se diluindo, pouco a pouco, desaparecendo no ar. E, entre cores e cadência, como que fluindo no céu de uma aquarela, eu tinha a leve e óbvia sensação de que existir era a forma mais simples de gozar."

Não demorou muito para Kalipse sentir vontade de ir ao banheiro. Mas ele não tinha condições de se mover. O máximo que conseguia fazer era ficar balançando o corpo, suavemente, no ritmo da música, para que o ecstasy continuasse fazendo efeito.

Não havia como sair caminhando, enfrentar fila e depois voltar. Dava para fazer ali mesmo, pensou Kalipse. Atrás do tablado, ninguém ia notar.

Porém, foi enquanto ele estava olhando para o lado, conferindo se não havia nenhum segurança por perto, que lhe veio à mente uma ideia estranha, uma ideia difícil de compreender.

Kalipse:
"Com certeza, parecia um orgasmo: não apenas eu tinha a sensação de voltar no tempo, naquele instante, relembrando a espontaneidade da minha libido, como ao continuar olhando para as meninas, do outro lado da pista, eu me sentia

puro *id*, puro gozo, sem recalques, longe de qualquer mal-estar da civilização.

Mas foi somente aquela vez. Foi tudo muito louco, tudo muito bom, só que nunca mais repeti. Acho que já era desregramento o suficiente para tentar ser testemunha do meu tempo, para assumir a natureza de *voyant*. Não que urinar nas calças, no meio de uma boate, fosse lá representativo, mas aquilo foi mera fisiologia, foi um simples lapso corporal. Na realidade, todo aquele universo de Ibiza – sexo, drogas, luxo, moda, música eletrônica – era excêntrico demais, talvez a vanguarda da minha geração, que merecia ser vivida, tanto nos acertos, como nos erros, de forma intensa, sem qualquer fronteira com o normal.

No fundo, a única coisa que eu queria era ser um verdadeiro escritor."

(a continuar...)

Antonio Barreto

Passos. Editou a revista literária Protótipo, na década de 1970. Publicou mais de 30 livros, entre eles *Vagalovnis* (Autêntica), *Vastafala* (Scipione), *O sono provisório* (Francisco Alves), *A guerra dos parafusos* (José Olympio), *A barca dos amantes* (Lê), *Balada do primeiro amor* (FTD), *Os ambulacros das holotúrias* (UFMG), *O papagaio de Van Gogh* (MEC), *Transversais do Mundo* (Lê) e *Lua no varal* (Miguilim). É co-autor da coleção didática *Para Ler o Mundo* (PNLD/MEC). Participa de dezenas de antologias (nacionais e estrangeiras) de crônicas, contos e poemas. Venceu vários prêmios literários como o Remington, Bienal Nestlé, Bolsa Vitae, Minas de Cultura, Guimarães Rosa, Emílio Moura, Paraná, Cidade de Belo Horizonte, João-de--Barro, Internacional da Paz (ONU), Ezra Jack Keats (Unicef), IBBY (Unesco) e teve obras selecionadas para as Bienais Internacionais do Livro de Barcelona, Bolonha, Frankfurt, Bratislava e Cidade do México. É cronista e colunista nos sites *Primeiro Programa*, *Algo a Dizer*, *Revista Ecológico*, *Foco-Magazine*, *CNP-Notícias* e *NaSavassi*. Colabora em *Palavrarte, Tanto, Letras & Ponto* e *Sagarana-Itália*.

Trexpoemas

1. Meninal

a fruta sobrevoada
    sobre a madura tarde
        que formiga
            a mosca que estraçalha o vidro
                da lembrança mais antiga:
                    os sonhos em planta-baixa
                        o pernilongo sem relógio
                          que violava
                            a noite sem lógica
                              a barata liquidada
                            a pulga cheia de pulgas:
                        tudo nessa caixa
                      e eu sem sol, sem lua,
              sem chuva
            sem estio
          estilingando
        minhas perguntas
      para as respostas
de um rio

2. Esquizoema
{psicautópsia das coisas sem nome: gravetames... ou... quem agora, depois de mim, dará nome aos peixes?}

        Foi então que dois quadrúvios passaram incólumes
        pelas gotículas indissolúveis do peixilúvio.
        No novilúnio das lubisteclas três moléculas pulsaram
                [céleres nos pedrúvios.
        E muito além, ao longe das locas, quatro muvucas
                [psicodélicas
        pulularam sobre as polocas. E, num sorrelfo de elfos
        — nesse mundão inenarrável de melpos — trouxeram
                [seus infernais esquelpos.
        E inundaram tudo com seus pulpos e espalpos de
                [miagalpos.
        Mais tarde, nas conversas beiralua,
        correram noitícias de tardícias das pixuvas.
        E os extrúvios falamudaram nas extruvas.
        E os solúvios silembraram das celuvas.
        E um escravel que escarafunchava uma saúva
        se protegeu sob a sombra das munduvas.
        Dessa feita, a chuva veio e me levou consigo.
        Como se nada disso tivesse acontecido.
        E o mundo, outra vez, de mim ficou subtraído.

Agora, esse final de história sem história...
Pode ser, como sempre, em algum lugar de sempre
o de repente se eternize (ou se faça crível)
e tudo que se fale se torne verossímil:
        apenas as penalmas dessa coisa horrível
        as órridas lembranças de um dia indescritível
        muito embora ninguém fale mais sobre esse tema
        muito embora ninguém lembre mais tal teorema
        muito embora todo mundo saiba apenas que um poema

havia sido reescrito e desescrito. O revoema anome
fora da norma, em sua nova forma informe, implume,
                    [inesquecível:
            (as palavras conservadas no formol do semantema).

Depois, as palágrimas dilaceradas pelos dedos do legista
doutorado na gramática do ressol que luarina
            no cadáver do peota que idiota se dentista
            no cadáver do açougueiro que de carne se rumina
            no folharal do engenheiro que era apenas desenhista
muito embora seu poema fosse apenas modernista
acendendo lamparinas onde a luz doía à vista
apagando a noite escura onde a sombra já sombria
cutucava a estrela-guia. E beliscava o analista.

Agora, nada sobra sobre os dédalos dos cactos
tudo tórrido no órrido desdeserto
que estorrica até o vento imerso em si
no ar parado dos lagartos em solúpios.
                    Com seus telsos, devastados, os aracnúpios
                    são guindastes que não vemos entre os núpios
                    nas miragens minimais dos espinestros
                    dedalando seus dedais datilodestros.
                            (Assim será até que anoite e alue
                            até que o mundo acéfalo continue
                            até que a chuva finalmente adie
                            o borbolétrico baile dos rátafos
                            e o esotérico bailareco dos sápalos).
{Mas uma coisa inda me deixa fora dos eixos,
esfrangalhado, no queixume, olhando o aquário:
Quem agora, depois de mim, dará nome aos peixes?
Quem agora, dentro do aquário, colocará o gato?
Quem agora, dentro do gato, colocará o peixe?}

3. Linguaral

Língua é o que me calo
      Língua é o que me fere
            Língua é o que me infere
                  Língua é o que me enguiça
                      Língua:
                  Meu pão com ovo
            Meu caol, meu prato-feito
      Meu angu-de-caroço,
Minha cachaça,
      Minha linguiça.

Branca Maria de Paula

Aimorés. Escritora, fotógrafa e roteirista, tem 16 livros publicados. O mais recente, *Fundo Infinito, contos eróticos* (Rosa Rumo) foi lançado na Itália em 2007 (Vertigo). Participa da antologia *Intimidades — Dez Contos Eróticos de Escritoras Portuguesas e Brasileiras*. De 1983 a 1989, trabalhou com Murilo Rubião na Imprensa Oficial, onde foi repórter fotográfico e também atuou na redação do *Suplemento Literário do Minas Gerais*. Em 1993, foi bolsista da Biblioteca Internacional da Juventude, em Munique. Publicou vários livros de literatura infantojuvenil. Alguns deles levam o selo "altamente recomendável", da FNLIJ, e fazem parte do *Brazilian Book Magazine*, publicação que representa o Brasil em feiras internacionais. *Um Fio de Camelo* recebeu o III Prêmio Henriqueta Lisboa, em 1989; *Pacífico, O Gato* tornou-se vídeo no programa Livros Animados, da TV Futura, e ficou entre os finalistas ao Prêmio Jabuti de 1999. É autora do roteiro *Amor Barroco*, ficção longa-metragem contemplado pelo Filme em Minas (2005).

Interdito

A barriga da menina continuava a crescer e pensavam pode ser barriga d'água, mas também pode não ser.

Quando deram pela coisa, ela sempre comeu muito, sempre foi gordinha, mas agora, adolescente, que exagero, assim vai rebentar. E aquelas esquisitices pelos cantos da casa, resmungando coisas que só ela ouvia; se alguém chegava perto baixava a cabeça, sempre foi meio frouxa das ideias, mal mal aprendeu a escrever o nome e lia com dificuldade, tão diferente das irmãs, dos irmãos, meio retardada, mas não de todo, adiantava almoço, ajudava a mãe, fazia marmita, e engordava. Ria à toa, do nada, mas na hora certa de rir ficava séria, incomodando.

Liga não, ela é assim mesmo — avisava a irmã caçula.

Às vezes sentava na porta dos fundos e ficava horas vigiando bem-te-vi, de árvore em árvore. Espremia uma espinha que despontava, outra que não existia e só parava quando ganhava um tabefe na mão.

Essa infeliz aí não sabe nem quando tá com fome! — sentenciava o pai.

Mas a infeliz repetia o padre-nosso direitinho, e também o credo, e rezava com a família.

Coisa mais desconforme, não para de crescer, a barriga da menina.

Um belo dia, o choque. Juscelene, irmã mais velha, deu com Maria da Penha trocando de roupa.

Mãe, ô mãe, corre aqui!

A menina ficou parada onde estava, com o vestido na mão.

O pai, quem é? Maria da Penha, tá me ouvindo? Quem fez *isso* com você? — esgoelava a mãe. E arrancava os cabelos, em desespero. Logo os vizinhos acudiram, com chá de erva cidreira. Não podia ser, a menina nem sair saía, sempre trancada em casa, a professora recomendou que precisavam ter cuidado, que fosse bem olhada, podia acontecer de tudo, tão inocente era, melhor que nem fosse à escola, com aqueles meninos abusados, que não saísse nem pra comprar pão sozinha, tem gente esperando só pra fazer maldade, podia ser que nunca mais voltasse.

Da Penha vivia presa, então seria um milagre? Pra Deus nada é impossível, haja vista a Virgem Maria, mas tem uma coisa muito errada, menina, quem é que fez bobagem com você?

Ela tremia, mas continuava de boca trancada, olhos baixos, secos, fixos na cerâmica verde. Morde os lábios e o sangue brota de má vontade. A mãe agarra da Penha pelos ombros e sacode com raiva, vou te dar uma surra se não falar.

Ela não falou.

Dona Marli, vizinha de muitos anos, veio prestar socorro, trocar ideia.

O recurso é consultar a mulher das cartas, ela sabe tudo, vê coisa do arco-da-velha.

Mas como, se nem conhece a gente?

Tem importância não, num carece, é só ir lá e perguntar.

Nem pensar, vou não.

Mas Juscelene foi com dona Marli, arrastando a menina que resistia.

A mulher tinha jeito manso, lembrava uma tia ou parenta afastada, daquelas de coração aberto e calmo. Botou as cartas e disse sem titubear: é gente de dentro de casa, da família, assim alto, gosta de xingar, um vozeirão, gosta de impor; e tem uma barba cerrada, cabelo crespo; e já vai lá pros quarenta e muitos anos, parece tio ou padrinho...

É, menina?

Os olhos da menina fugiram.

A menina fugiu, ainda mais pálida e trêmula. Correram atrás.

Ele me mata, ele falou que me mata, choramingou da Penha.

A mulher das cartas decretou ainda, conforme uma autoridade:

Levanta a saia dela que tem marca feia!

Debaixo da saia, da Penha era roxo puro.

Cruz credo, quem te fez isso, criatura? — escandalizou-se Marli.

Ele me mata, ele me mata...

Finalmente ela chorava alto. E, de medo, molhou-se toda.

Pode falar, filha, fala pra mim no meu ouvido, ninguém há de ouvir.

Ela fez um esforço pra estancar o choro e, entre um soluço e outro, cochichou o nome no ouvido da mulher, virou as costas e escondeu o rosto nas mãos.

Ah, logo vi, já sabia, mas não quis foi falar.

E a mulher sacudiu a cabeça, desiludida com as verdades.

Com carinho, pegou a garota pela mão.

Agora conta tudo, vai.

Maria da Penha respirou fundo, a ponto de sucumbir.

No guarda-roupa lá em cima, ele escondeu uma corda. Me amarra quando mãe sai, e me bate, me esgana, enfia aquela coisa horrível aqui e aqui também, se eu der um pio me enforca, e fica bufando, me morde, me suja e dói e acho que num respiro e morro de medo do pai.

Não tenho coragem de contar pra mãe, declarou Juscelene.

Conta a senhora que é amiga, dona Marli.

A vizinha não disse sim nem disse não.

E as três voltaram mudas, passos apertados para chegarem logo ao fim da empreitada.

A mãe esperava no portão, medindo impaciente o pequeno jardim.

Qual a história que a mulher das cartas inventou?

Antes tivesse inventado, respondeu dona Marli.

E despejou tudo de uma vez, pra todo mundo ouvir.

A mãe foi ao guarda-roupa, pegou a corda e queimou. Com a menina não falou nada. Mas teve vontade de surrar até ficar frouxa, bater até matar e desaparecer de vez com aquela sonsa.

Que raiva, que nojo, gente!

Cada um chorava num canto, evitavam se olhar. O pai ainda no trabalho, por sorte.

O irmão menor passou a mão na bicicleta e desembestou cidade afora. Final da tarde chegou a notícia: não viu o caminhão porque estava cego ou então fez de propósito, atravessando a estrada. O corpo virou uma papa, milagre o rosto perfeitinho, sereno, aliviava um pouco o coração, tava como coisa que descansava...

A família se juntou em volta do corpo e trataram de acudir a mãe. O resto ficou pequeno, remoto, pertencente a um passado que despertava dúvidas, não certezas. Ninguém mais tocou no assunto depois do velório.

E a mãe achou por bem não tocar mais no assunto.

Mas um dia abriu o coração pra dona Marli: se dou queixa vai ser um deus nos acuda, uma vergonha, o homem acaba preso, adoece por lá e vai que morre na cadeia, não vou aguentar o remorso. Essa culpa não quero, nem vou carregar. Depois, Deus é quem sabe e pune. Além disso, e o dinheiro da casa, de onde vou tirar?

Continuou a dormir com o marido na mesma cama. Definhou, virou pele e osso. Só fumava. Brotou ferida na boca e na garganta. Mas, com o tempo, as carnes e as gorduras foram voltando, aos poucos.

O ventre da menina cresceu e ganhou todo o espaço devido, pra chegar ao tempo certo. E a criança nasceu sãzinha, uma perfeição, sem o menor sinal de pecado.

A família mudou de casa, de bairro, de cidade. Quando pensavam que não, lá vinha a história despertar a vizinhança. O segredo, esquecido de tão guardado, outra vez alimentava a boca do povo.

Será que não podiam viver em paz?

Novamente mudaram de casa, de bairro, de cidade. Mas sempre aparecia alguém que conheceu alguém que sabia.

Quando a menina fez dezoito anos, a mãe abriu a porta da rua.

Anda, Maria da Penha, vai. Pode ir sossegada, que da criança eu tomo conta.

E o problema ficou resolvido.

Caio Junqueira Maciel

Cruzília. Mestre em Literatura Brasileira pela UFMG, onde dissertou sobre a poesia de Dantas Mota (livro inédito: *Tempo e escritura nas Elegias do País das Gerais*). É ensaísta, contista, poeta e letrista musical. Foi autor e editor da coleção *Cadernos de Literatura Comentada*, juntamente com o professor Gilberto Xavier, (Edições H.G, 2000-2011). Publicou os livros de poemas *Sonetos dissonantes* (1980), *Felizes os convidados* (1984), *Doismaisdoido é igual ao vento* (1997) e *Era uma voz: sonetos só pra netos* (2006). Participa da antologia *Jovens contos eróticos* (Brasiliense, 1986). Tem parcerias com os compositores Newton Ribeiro (*Parceiros do tempo*, 2002) e Zebeto Corrêa (*Outro lado da noite*, 2005; *Era uma voz*, 2006; *Trilhas da Literatura Brasileira*, 2007; e *Recados de Minas*, 2009). Tem ensaios publicados em jornais e suplementos de Minas Gerais, São Paulo, Rio de Janeiro e Distrito Federal.

Fresta no céu

Basta asa de página para que a alma celebre a revoada.
Do breu do brejo ao brilho dessa brecha de firmamento. Sobe mais o que saboreia e sabe. E, sobre nós, a página abre. Frincha e ardor.
Ímã-ginário, palavra atrai o que se lavra. Sápio não precisou violar a grave idade das leis, tampouco cair das nuvens. Grávido de sua consciência, eta nóis! Impulsionado pelo combustível de querer mais e mais aluar-se, soletrar e solentrar em outras belas esferas, Sápio olhou e alou-se, sem que do lugar aluísse, apenas ali a babar, em mil e uma noivas plugado. Ali bebeu, escancarando sésamo.
Pelo bulir das letras, que levam às lonjuras das léguas, línguas e águas, pequeno buraco na escama espessa do céu, com seu peixe, paixão e texto, baleia, baleio, bali, não como carneirinho, mas brincarneirão, cada vez mais Sápio, enquanto um urubu árabe ficava mais dono das dunas que já eram decerto dele.
Festa que presta é fazer de céu o que é seu.
Deu-nos livro.

Magirus

— Fogo!
Gemiiiiia a sirene, o carro enorme, doendo de vermelho, a longa escada prolongando-se nas sombras das paredes. Sem medo de combater as chamas, como também não temia enchentes, nem o mergulho nos rios profundos em busca dos afogados. Ele era o soldado do fogo e das águas.
A teia de aranha. A lenha empilhada.
Davica chama, o café pronto. Já vou, preta.
— Ok, Capitão. Incêndio controlado. Volto à base, câmbio.
Café com leite, broa de fubá. Ali, bem perto, a prima Irene, longilínea, bronzeada de praia, adolescendo. Davica pedindo

para lavar a mão. *Aposto que estava de novo mexendo naquela mangueira imunda do porão.*
Estava?

O pensamento

Élvio, melífluo, embora parecido com um elfo, exalava apelos à carnalidade, e fez o convite, encerrando a pelada. Era bem fácil, nem correia seria preciso, cabresto, nem pensar. Évora era mansa, silenciosa. Discreta. Por que diabos o tio dera esse nome a ela? Zé Lívio nem pressentia. Nomes, às vezes, habitam profundos poços.

Entraram no bambuzal, junto ao barranco. Já subira no bambuzeiro, fizeram casa lá em cima, um labirinto o caminho galgado. Mas agora a aventura era mais embaixo. Subiu, levantou a cauda. Anca, pele e ossos, muitos ossos, nossa! E aí?

Depressa, depressa, era o Élvio, quase um elfo, segurando a cabeça de Évora que, humilde, tosava o capim. E Zé Lívio não despachava. Não sobe, não conseguia fazer subir.

Pensa na Dinazinha do Sô Ari... anda, vai.

Minotauro, centauro, mas ele queria mesmo era ser o centerfor.

O urso

No final é que está o perigo. E cada instante já remetia para o fim. Daí, este menino aflito, sofrido, apesar de ser muito zeloso e fazer tudo com o maior cuidado. Mas sabia que em algum momento as coisas iriam desandar.

O pai seria homenageado na Câmara dos Vereadores. A família iria e ele também, pobre Serafim, mas seu nome imaginário era Hans, como na história dos Sobrinhos do Capitão, os pequenos travessos, Hans e Fritz. Mas ele não era desse tipo de criança endiabrada, apenas invejava o nome, curto, denso, arredondado, Hans, alemão compacto como o fusca original de seu avô, ano 1957.

Sabia que o título de Cidadão Honorário seria um espetáculo terrível, insuportável, pois lá teria que ouvir muitas palavras. Esse menino temia a floresta negra dos signos, como já se assustara na primeira vez que ouvira a mãe repetir *absurdo absurdo*, batendo em seus ouvidos e provocando arrepio nos tímpanos, ecoando em algo mais longínquo para além da crosta chocha de sua alma ansiosa.

E por ser quem era, aplicado, obediente, porém angustiado, lá estava ele na sessão solene, na hora agá, agarrado pela aflição, à espera da peroração paterna.

E seu pai, de quem herdara carga demasiada e débil, trêmulo com os papéis na mão, mal aguentou chegar ao fim do discurso, pois tombou, infartado: seu último suspiro, quase um urro, era mesmo o animal pressentido, agora solto no salão.

Pela estrada afora

Chapeuzinho, algum tempo depois, sem o lobo em seu encalço, assustada, viu, em sua calcinha, um pingo da cor de seu capuz.

Era uma vez uma menininha...

Carlos Herculano Lopes

Coluna. Formado em jornalismo, publicou 13 livros; dois deles, *Sombras de julho* e *O vestido*, foram lançados também na Itália, sendo levados ao cinema pelos diretores Marco Altberg e Paulo Thiago, respectivamente. Participou de 15 antologias (uma delas na Argentina e outra no Canadá) e recebeu os prêmios Cidade de Belo Horizonte, 1982; Guimarães Rosa, 1984; Lei Sarney de autor revelação, 1987; e 5ª Bienal Nestlé de Literatura Brasileira, 1990. Foi duas vezes finalista do Prêmio Jabuti, com os romances *A dança dos cabelos* e *O vestido*. Em 2002, ficou entre os dez finalistas do Prêmio Jorge Amado, pelo conjunto de obra. Recebeu também o Prêmio Especial do Júri da União Brasileira de Escritores, pelo livro de contos *Coração aos pulos*. Publica crônica semanal no jornal *Estado de Minas*, desde 2002. Seus livros *A mulher dos sapatos vermelhos* (crônicas), e *Poltrona 27* (romance) foram publicados pela Geração Editorial e Record, 2011.

O apito do trem

Desde a adolescência em Belo Horizonte, no bairro da Serra, onde numa primeira fase viveu na rua Oriente, para depois se mudar para as ruas Palmira, Caraça e dona Cecília, que o homem, sempre propenso à insônia, acostumou-se a ouvir o apito do trem: era uma nota estendida, musical, que quase ao amanhecer, entre 5h30, 6h, vinda da Praça da Estação, numa cidade bem diferente da atual, dizia a ele que estava na hora de se levantar, comprar o pão e ir para o colégio.

Também à noite, pouco antes de se deitar, voltava a escutá-lo. Às vezes, acontecia de sua tia, com a qual morava, ainda estar acordada e ela sempre repetia, fazendo voar sua imaginação: "Uma vez, fui ao Rio na primeira classe. A Serra da Mantiqueira é linda, a viagem foi maravilhosa e a comida era servida em talheres de prata". Então, ela suspirava, seu semblante entristecia, e logo tratava de mudar de assunto.

Algum tempo depois, já na faculdade, foi viver em uma república de estudantes na Rua Araxá, no Colégio Batista. Ali, o apito do trem, com toda força, tinha o poder de acordá-lo quando, também de madrugada, a máquina chegava à Praça da Estação, vindo do Rio, indo para o Espírito Santo, vá se saber. Não era mais a tia, mas um primo, o Osvaldinho, quem enchia a boca para dizer: "Fui a Montes Claros no trem do sertão". Mas sua façanha, daí a pouco, esvaneceu-se quando um novo morador, o Maurício, contou que, nas últimas férias, havia andado no Trem da Morte, de Bauru *hasta la* Bolívia. Falou de perigos e guerrilhas, tropas nas fronteiras, contou histórias de Che Guevara e nos matou de inveja.

Ainda vou fazer essa viagem, juro que vou, ele se prometeu. Mas nunca a realizou. A primeira vez que entrou em um trem foi com uma namorada, num trajeto até Sabará, para visitarem uma amiga. Anos depois, tempos de aventuras e descobertas, cruzou toda a Argentina que, como o Brasil, era cortada por ferrovias: foi de Buenos Aires a Jujuy, no extremo Norte, de lá desceu para Córdoba, passou de novo pela capital e rumou para General Rocca, na Patagônia, onde quase morreu afogado no Rio Negro. Meses depois, na Espanha, outros trilhos o levaram a Granada, La Coruña, Vigo, Sevilha e a pequenas aldeias *del sur*.

Essas lembranças, num lance de mágica, voltaram à sua memória madrugada destas quando outra vez, sem querer acreditar, ele ouviu, ou julgou ter ouvido da sua casa, no Santo Agostinho, um mesmo apito estendido, musical e lento que, vindo da Praça da Estação, chegou até sua alma. Deixando-se levar pelo sonho, vestiu uma calça jeans, colocou a mochila nas costas e embarcou naquele trem imaginário.

Mulher se maquiando

Assim que entrou no ônibus, como acontece quase sempre quando resolve não ir a pé para o trabalho, a primeira coisa que chamou sua atenção foi a presença de uma mulher que, na maior naturalidade do mundo, como se estivesse em casa, estava se maquiando. Assentada na primeira cadeira, logo depois da roleta, dava para se notar que era pequena. Tinha cabelos longos e negros e usava, por baixo de um vestido xadrez, uma meia-calça marrom, que realçava o contorno das pernas. Seus olhos eram castanhos claros, e a idade, pelo que o homem ousou imaginar, devia estar pela casa dos 30, ou pouco mais.

Mas isso, naquele momento em que as pessoas — a maioria com expressão cansada — estava indo para mais um dia de labuta, era o que menos importava, ele também pensou. E deu asas à imaginação: teria aquela mulher se levantado mais tarde e, na pressa, para não chegar atrasada à repartição na qual talvez trabalhasse, quem sabe como secretária ou chefe de algum departamento, não teve tempo para se maquiar. E estava ali, dentro daquele coletivo, cumprindo esta rotina diária de se fazer mais bela?

Ou quem sabe fosse mãe de uma criança, para quem teve de preparar o lanche porque a babá, sabe-se lá por quê, não havia aparecido naquele dia? Ou teria ela ficado, como a melhor amante do mundo, nos braços do marido ou namorado, enquanto a manhã, sem que percebesse, ia avançando, e quando se deu conta, após ter vivido maravilhosos momentos de prazer e gozo, teve de sair às pressas?

Em tudo isso aquele homem, que há meses estava só, ia pensando, enquanto a mulher, dentro daquele ônibus amarelo, lotado de gente, continuava — como se mais nada no mundo importasse — a se maquiar. Alguns quarteirões adiante, depois de paradas em dois pontos, nos quais várias pessoas desceram, num lance rápido — e com uma agilidade incrível — ela deu os últimos retoques nos cílios. Para em seguida, após guardar o rímel, tirar às pressas, de dentro da pequena bolsa que trazia no colo, um batom vermelho.

Foi então que um calor repentino, como há muito não sentia, começou a subir pelo corpo do homem, para se tornar mais intenso quando ela, que talvez se chamasse Débora, ou Marilda, depois de passar o batom no lábio superior, fez com que este se encontrasse com o inferior, num movimento que o excitou ainda mais. Lábios grossos, bons para serem beijados, veio à cabeça dele, que tentou pensar em outras coisas.

Mas não adiantou, porque daí a pouco — depois de sentir que estava sendo observada — os olhos daquela mulher, que havia acabado de pentear os cabelos, por breves instantes se encontraram com os dele. Encabulado, o homem, sem saber o que fazer, abaixou os seus.

Segundos depois, uma freada brusca, na esquina da Rua Paraíba com Avenida Getúlio Vargas, fez com que o espelhinho que ela estava usando caísse de suas mãos e fosse parar justamente debaixo da cadeira do homem. Mais que depressa, e já apaixonado por aquela mulher de cabelos negros e longos, que naquela manhã de junho, quando todos iam para o trabalho, estava se maquiando dentro de um ônibus, ele se abaixou para pegá-lo. "Obrigado, foi muita gentileza sua", ela lhe disse com a maior graça, para logo adiante dar o sinal e descer, enquanto os olhos daquele homem, que há meses estava só, continuaram a segui-la.

Cláudio Martins

Juiz de Fora. Estudou Desenho Industrial e durante muitos anos trabalhou em projetos de tecnologia, meio ambiente e cultura, além de rodar por jornais e revistas. Mas por achar o mundo dos adultos muito sem graça, imaginação e fantasia, resolveu um dia cair de sola, cara e coração na literatura infantil. Autor de 40 livros para crianças, ilustrador de outras 300 histórias e mais de mil capas de livros de várias editoras. Ganhou prêmios nacionais e internacionais, entre eles o Octogone/França (1990), Jabuti (1991 e 1992), Associação Paulista de Críticos de Arte/APCA (1992), autor revelação e melhor livro para crianças (FNLIJ) e Adolfo Aizen de Ilustração, pela UBE (1993, 1994 e 2004). *Integrou a lista de honra do International Board on Books for Young Peoples*/IBBY/Suíça (1990) e tem participado de feiras nacionais e internacionais de livros, como na Catalunha, Frankfurt, Bolonha, Gotemburgo, Quito e Bratislava. Site: www.claudiomartins.com.br

MOLESKINE®

Aurora é preta e gorda.
Está comigo há muitos anos, bebendo todo dia
e em quantidades enormes.
Mas nunca perdeu a linha.
Muitas vezes eu a tiro do descanso para
completar um serviço, dar acabamento,
teimar num capricho.
Vive exausta, coitada. Só leva tinta.

A meninada vai muito bem.
Roliça, colorida, fica pirulitando o dia todo,
rabiscando o tempo, de uma ponta à outra.

Por-um-Fio é bi.
Suave, macio, quase um bailarino,
mas sabe ser grosso quando pressionado.
Seus pelos de cima se conservam bem.
já os de baixo apresentam enorme desgaste
pela esfregação exagerada.

Deléti, a esfregada, mantém tudo mais que
limpo.
Some com todos os meus erros, falhas e
defeitos.
Sou extremamente grato, mas ela conhece
muito de perto as minhas sujeiras.
Sabe demais e isso não é bom.
Que Deus lhe apague.

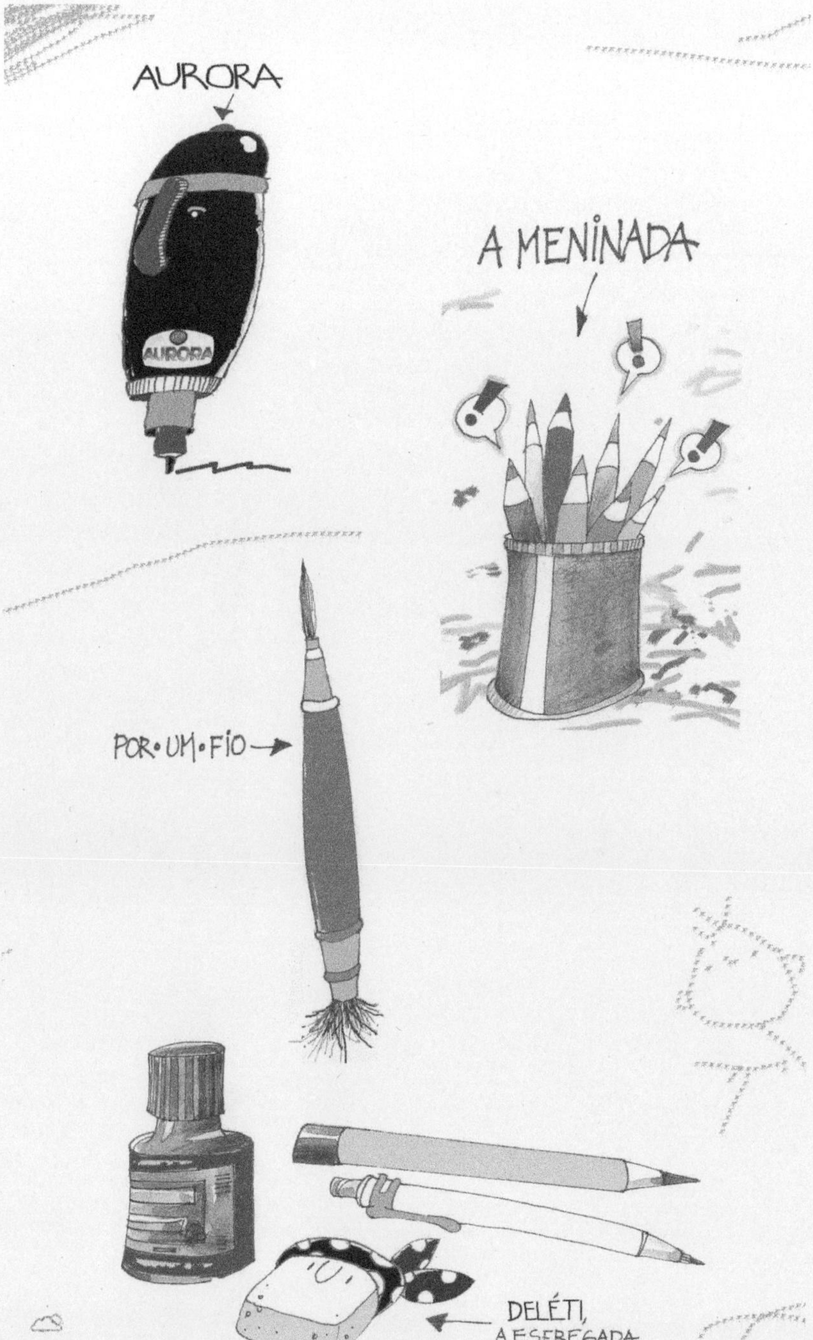
AURORA
AURORA
A MENINADA
POR•UM•FIO
DELÉTI,
A ESFREGADA

Um Moleskine é coisa muito íntima.
Deve ser usado como um banheiro: sempre de portas fechadas. O papel deve ser abundante e de boa qualidade.
Desde pequeno me atentam:
-Não fique mostrando seu Moleskine!
Mas com a idade vão-se os cabelos
e também os recatos.
Portanto, aí está:

MÁQUINA TEREsA DE CALCULÁ

A BOSTA DE SETE ÉGUAS

VESTIU TERNO, BRAVATAS E FOI SE AVANTAJAR COM OS AMIGOS.

GENTE VIRA ADULTA PRA PAGAR IMPOSTO, PRESTAÇÃO E MULTA

didot

ABUSE. CORAÇÃO DE MÃE SEMPRE CABE MAIS PUM.

MAPA MINEIRO
NUM BELO HORIZONTE,
AS RUAS CRUZARAM
ÍNDIOS COM NOBRES,
EM TODOS OS
ESTADOS.
MAS, TUDO FOI
CONTORNADO.

VOCÊ JÁ EROS!

PASSEI TODO
O MEU NOME
PARA O
DINHEIRO
DELA

EPITÁFIO PARA
RELOJOEIRO

DURMA,
MEU AMOR.
SÃO HORAS
MORTAS

"ORA, A GENTE LEVA
A VIDA QUE FODE..."

Batidas na porta.
Acho que vieram me prender novamente.
Me prender em alguma reunião, sei lá,
como as do Coletivo 21.

Ou então me trancar em algum livro, coisa que
fazem repetidamente nos últimos quarenta
anos.
Aí ficam me olhando, examinando as partes,
fuçando com os olhos abelhudos para ver
se acham coisinhas.

Igualzinho você está fazendo agora.
Por favor, me passe a página.

Cláudio Martins

Cristina Agostinho

Ituiutaba. Tem 12 livros publicados, oito deles infantojuvenis, que lhe valeram quatro prêmios nacionais. Em outra vertente, a da biografia e memória social, também recebeu prêmios e o reconhecimento da crítica especializada. Participou, como autora convidada, de vários seminários, entre eles a 5ª Bienal Nestlé de Literatura, Fórum das Letras da UFOP, Bienais de Literatura de Belo Horizonte e Brasília, Salão do Livro de Belo Horizonte e Feira do Livro de Porto Alegre. Ministrou oficinas de biografia e memória no Festival de Inverno de Ouro Preto e no Espaço Cultural Letras e Ponto, em Belo Horizonte. Entre seus livros publicados se destacam *Pai sem terno e gravata*, traduzido em Cuba e vencedor do Prêmio Adolfo Aizen da UBE de melhor livro juvenil, categoria Realidade; *Amor inteiro para meio-irmão*, Prêmio João de Barro (PBH); *As aventuras de Estopa na terra de Shakespeare*; *Luz Del Fuego, a bailarina do povo* (colaboração de Branca Maria de Paula e Maria do Carmo Brandão), ganhador da Bolsa Vitae de Cultura; *Nativos e Biribandos, memórias de Trancoso* (co-autoria de Fernanda Carneiro); e *Pedreira Prado Lopes, memórias de uma favela*.

Trágico Blackout[1]

— Há quanto tempo não se confessa, minha filha?
— Desde minha primeira comunhão, há uns catorze anos.
— Catorze anos?! Isto é um pecado muito grave. Deve-se comungar pelo menos uma vez por ano. Você tem vindo à missa?
— Não, há catorze anos não entro numa igreja.
— Por que motivo se encontra aqui?
— Necessito de conforto espiritual. Levo uma vida muito material.
— Você é casada?
— Não.
— Vive com algum homem?
— Não. Vivo com muitos homens. Sou uma prostituta.
— Você mercantiliza seu corpo, não é?
— Exatamente.
— Você não sabe que é um pecado mortal? Que você ofende a Deus? Então por que faz isso?
— Para viver.
— Diga-me uma coisa: você faz muitas libertinagens ou concebe o ato normalmente?
— Normalmente? Qual o quê! Esses homens pagam e querem tudo, tudo, até...
— Até o quê? — prosseguiu o padre, com curiosidade.
— O senhor deve compreender.
— Bem, você pretende se regenerar?
— Pretendo, sim, senhor.
— E como vai viver?
— Pensarei nisso e hei de encontrar uma solução.
— Não poderei consentir que você comungue. E acho bom nem prosseguirmos com a confissão, pois hoje ou amanhã você voltará a ofender a Deus com a sua vida de devassidão e vícios. Retire-se e que Deus tenha piedade de você!

---

[1] Extraído do livro *Luz del Fuego, a bailarina do povo*.

— Não me retirarei antes de o senhor me dizer para que serve a religião católica. Vim aqui na esperança de encontrar conforto em suas palavras e em vez disso o senhor destrói minha fé, nega a mim o consolo a que todo cristão tem direito.
— Vá, menina! Case-se primeiro, depois apareça na Casa de Deus para receber a Santa Comunhão.
— Filho do Demônio. Debaixo dessa batina você só tem murrinha!

Enquanto Dora revia suas anotações, o foguetório espocava lá fora. O Repórter Esso acabara de anunciar o desembarque dos pracinhas que voltavam da Itália. Agora eles faziam o desfile da vitória na Avenida Rio Branco. A população do Rio de Janeiro recebia-os com a mais apoteótica das ovações. Dos palanques, a alta cúpula do governo aplaudia os heróis, a maioria deles composta de rapazes humildes, recrutados nas favelas. Os tubarões, filhinhos de papai, que haviam escapado das malhas do recrutamento, certamente assistiam à parada, o peito estufado de patriotismo de última hora.

Tanta falsidade a deixava irritada. Nem se dera ao trabalho de juntar-se aos festejos. Aquela guerra distante pouco afetara seu cotidiano. Além dos carros a gasogênio que circulavam pelas ruas, o único acontecimento relevante havia sido os treinamentos de *blackout*, quando Copacabana ficava às escuras, preparando-se para imaginários ataques dos inimigos.

Para ela, a invasão que ameaçava o país não vinha dos alemães, eleitos bandidos pelo cinema hollywoodiano, mas dos próprios americanos. Por todos os lugares lá estavam eles, com ares de donos do mundo, desfrutando das maiores regalias. Quantas vezes presenciara isso! No Beach Club, saltavam aos olhos os privilégios de que gozavam os estrangeiros, com a humilhação do morador local. Ela vira por lá, certa vez, a intervenção da *Shock Patrol*, para acalmar um ou outro brasileiro que se exaltava contra aquela situação. Dentro do bar, a discriminação começava pelos garçons. Na porta, os táxis só pretendiam conduzir o gringo bêbado e endinheirado.

A mesma sociedade que fechava os olhos para aquela dominação, também dava mostras de sua exacerbada hipocrisia, ao impelir as mocinhas casadoiras que frequentavam tais bares, na busca dos bons partidos americanos, a condutas mais imorais que as das chamadas mariposas da noite, apenas para preservar a sagrada lei da virgindade.

Todas essas observações estavam anotadas no seu diário. Daí nasceu a ideia do livro. Queria jogar na cara daquelas pessoas que a tachavam de imoral e leviana a realidade que elas fingiam desconhecer. "Num mundo que está progredindo dia a dia, os preconceitos continuam amarrados a um poste", escreveria na introdução.

O romance, dedicado a José Mariano, já saiu sob o signo do escândalo. A história da prostituta que busca a senda da regeneração e esbarra no preconceito social deixava literariamente a desejar, mas a crueza da linguagem, com descrições de cenas sexuais, fantasias eróticas e lesbianismo, só se comparava à de *O Amante de Lady Chatterly*, abominado até na progressista Europa.

Quando *Trágico Blackout* foi publicado, em 1947, Luz del Fuego começava a aparecer nas crônicas mundanas. Dos picadeiros de circos, a fama da exótica bailarina chegara aos teatros da cidade. O empresário Juan Daniel foi o primeiro a contratá-la. Ele e sua mulher, Mary Daniel, lutavam contra as dificuldades financeiras para manter um pequeno teatro em Copacabana, o Follies. Precisavam de uma atração que funcionasse como chamariz de público. Assim chegaram até Luz del Fuego, que já havia tirado vários circos da falência.

Durante os ensaios, muitos foram os problemas. A nova contratada fazia exigências de estrela. Não se submetia às marcações coreográficas, interferia na redação dos textos de cortina e, o que era pior, não se preocupava em decorá-los.

— E o ponto, serve pra quê? — justificava.

Para não atrasar a estreia do espetáculo e evitar despesas, suas falas ficaram sob a responsabilidade de um outro membro da família Daniel, que se tornou o mais jovem ponto do meio teatral da época. Aos doze anos, Daniel Filho ingressava na carreira artística, passando as dicas de texto à ainda desconhecida Luz del Fuego.

Mulher de Todo Mundo alcançou muito sucesso. As filas se estendiam pelo quarteirão, repletas de curiosos que queriam ver de perto a mulher que dançava nua, enrolada em cobras. Será que ela solta as jiboias no palco? Será que elas se arrastam até a plateia?, as pessoas se perguntavam excitadas antes do início do espetáculo.

A mudança do nome foi um grande trunfo. Mais uma vez o palhaço Cascudo veio em seu socorro. Na opinião dele, nome estrangeirado atraía o público:

— Eles vão pensar que você veio do México ou da Argentina — argumentou.

Luz del Fuego era a marca de um batom argentino recém-lançado no mercado. Estava na boca das mais famosas atrizes do mundo, inclusive Carmen Miranda, dizia o reclame de uma revista. Dora gostou da sugestão. Para ela, a imagem do fogo representava muito bem sua nova opção de vida, ela que antes era água viva, de Vivacqua.

Uma razão de amizade também havia pesado na troca do nome artístico. Nila ficara indignada com o anterior:

— Luz Divina é uma blasfêmia, Dora. Onde já se viu invocar Deus e dançar nua? Etelvina vai morrer de desgosto. Logo agora que ela tomou o hábito de sacramentina, você faz isso?

— Não é pecado nenhum, Nila. Se minha mãe virou freira, por que não posso ser filha do Divino Espírito Santo? — ironizou.

Manteria de bom grado aquele nome em resposta à irritante carolice da mãe, que acabara de ingressar numa ordem religiosa leiga. Foi mais por consideração à amiga que fez a mudança.

Mesmo desvinculada do sobrenome Vivacqua, a família não perdia Dora de vista. Attilio, eleito senador, exercia uma vigilância constante através de pessoas de sua confiança. A ameaça de internação em manicômios permanecia, caso o parentesco viesse à tona. Se a classe artística era malvista, a das dançarinas estava entre os escroques sociais. E adversários políticos inescrupulosos não faltavam. Enquanto Dora se mantivera na órbita dos circos, o risco estava sob controle. Agora, as pequenas notas na imprensa a respeito das apresentações no teatro começavam a causar incômodo.

Nem o uso do pseudônimo impediu que o livro tivesse o efeito de uma bomba entre os familiares. Além de pornográfico, *Trágico Blackout* trazia pinceladas autobiográficas comprometedoras, como a da sedução da personagem principal pelo próprio cunhado. E, a julgar pela nota da autora — "não é o manto diáfano da fantasia que pretendo oferecer ao leitor e sim aquilo que colhi dentro da vida" —, os demais fatos narrados aludiam a uma prostituição assumida.

Attilio tentou de todas as formas cercar a distribuição do romance. Mandou emissários à editora e às livrarias para adquirir os exemplares que estivessem à venda. Nessa busca, conseguiu apreender mais da metade da edição de apenas mil exemplares, e os queimou. O fato transformou a obra numa raridade disputada por livreiros e leitores. Luz del Fuego iniciava, assim, uma explosiva carreira literária. E para desespero do irmão, um segundo livro já estava anunciado na contracapa do primeiro, com o sugestivo nome de *Rendez-vous das Serpentes*.

Dagmar Braga

Pitangui. Formada em Letras pela PUC-Minas, especializou-se em Literatura Brasileira e cursou pós-graduação em Jornalismo e Práticas Contemporâneas (UNI-BH). Professora de Língua Portuguesa e de Literatura Brasileira, atua como revisora de sites e de textos técnicos e literários. Promove oficinas de Literatura há mais de 20 anos. Atuando sistematicamente na promoção da Leitura e da Literatura, participou, dentre outros eventos, do Projeto Tim Estado de Minas Grandes Escritores — Forma Leitores; do Curso de Aperfeiçoamento e Multiplicador dos Profissionais que Atuam nas Bibliotecas Públicas do País: Caminhos da Leitura e da Escrita; e do Curso para Mediadores de Leitura promovido pela Fundação Municipal de Cultura. Foi curadora da exposição literária itinerante "Das contingências do amor", lançada durante o III Encontro do Sistema Estadual de Bibliotecas Públicas de Minas Gerais. Tem textos publicados em antologias, jornais, revistas e sites literários, tais como *Suplemento Literário de Minas Gerais*, *Revista Poesia Sempre*, *Mininas*, *Germina Literatura* e *Calíope*. Integra a equipe do Livro de Graça na Praça. Organizou, em 2007, a antologia Noites de Terça, com trabalhos desenvolvidos nas Oficinas de Literatura do Espaço Cultural Letras e Ponto (www.letraseponto.com.br), criado por ela em 2006. Em 2009, foi finalista do Prêmio Jabuti com *Geometria da Paixão* (poesia).

como se fosse domingo
desabotoei as horas
l e n t a m e n t e

abri minhas gavetas e deixei
suspensa
a esperança ilegível

recolhi o desejo
a memória

como se fosse domingo
deixei a solidão lançar seus fumos
meus destroços e lendas

aprontei o turíbulo
— a prece pelo avesso —

desentranhei-me —
o coração vadio

o corpo
o olho nu
como se fosse domingo e um deus dormisse

Entrementes

num átimo
o último

sopro
beijo
sonho

a última palavra
o abismo

no sol posto
        um istmo

unindo
o nada a nada

Lembrança

não falo do silêncio a desatar a tarde
                com seu gume

nem dos braços pendidos
                como pétalas dementes

não falo do suplício do olhar
          que já não crê

falo da polpa dos teus dedos
dedilhando o caos
          e a profusão de arpejos

e do perfume de malva em tua pele
quando escavávamos
          um sol dentro da noite

Duílio Gomes

Mariana. Formado em Direito pela UFMG, tem cinco livros de contos premiados nacionalmente. Publicou *O nascimento dos leões* (Interlivros, 1975), Prêmio Cidade de Belo Horizonte em 1972; *Janeiro digestivo* (Comunicação, 1981); *Verde suicida* (Ática, 1982); *Deus dos abismos* (Lê, 1993), Prêmio Nacional de Contos Guimarães Rosa; e *Fogo verde* (Lê, 1990). Editou o *Suplemento Literário do Minas Gerais* nos anos 1980. Na mesma década, foi um dos organizadores das Bienais Nestlé de Literatura, realizadas em São Paulo. Foi colaborador dos diários *Estado de Minas* e *Jornal do Brasil*. Seus contos estão traduzidos para oito línguas e um deles, *Todos os insetos*, foi filmado por Breno Milagres em 2010, com o título de *Nada será como antes* (trecho no www.youtube.com.br).

Starville

Onde a onça suçuarana dorme. Onde cai a chuva e brotam as samambaias, os insetos e a felicidade do verão. E onde caiu a estrela da tarde. Starville, essas coisas do coração, ouvi os sapos depois da chuva, os sapos no canto escuro da noite com uma temperatura que me deixou os olhos verdes, veio um relâmpago, veio a chuva. Depois os grilos e assim a noite brotando dessa grama, dessa cama.

Tinha um pé de fruta, passarinho veio, ficou bicando. O azul de verão tão quente, dorme madrugada. O olho escuro da noite piscou no ventre dos vagalumes, dorme tudo agora, menos os grilos e os sapos na vigília do milagre da natureza: tudo cresce de noite, cresce a grama, cresce a flor, cresce um caule, vai crescendo devagar, inchando de verde e vida, abrindo um buraco na memória da chaminé da esquina, abre as asas a clorofila e no chão da chuva e do calor abre as antenas uma formiga. Espeguiçou uma minhoquinha no seu canto, varou a noite a estrela, no céu as oitenta e oito constelações, esquadro da coroa boreal, ah corvo da noite traz a cerveja, põe na boca, bebe tudo, vejo o disco girando, girou mil vezes de mil milhões, aquele é o canto da noite em Starville, tatu mecânico varando o pontilhão, peixe na água, chuva não para, pulou o sapo no quintal, tremeu a cortina com a aragem, também tem o lagarto, a banana, tem o telhado molhado, tem esse cheiro de dama-da-noite e bem lá longe um cachorro late. E um papagaio dormindo, estremecendo a cabeça. Quem viu também a toalha na janela drapejando igual bandeira, balançando igual cadeira que vai e vem e vem de nunca vir, que estremeu as tábuas da cozinha, equilibrou o sonho.

Starville, uma sopa de estrelas na parede. Eu ouvi a noite em Starville, ruído de tudo e essa cerveja. Eu vi e veja. Eu ofereço Starville como quem dá a mão, eu recebi e fui feliz e amanhã meu Deus o que faz a felicidade inchar o coração de um homem. Pula o sapo, viver é tão simples. A lama vai endurecer sua pele com o sol da manhã, o relógio da parede é a nossa vida que termina? Dorme, coração: a vida é amanhã, esta manhã, um coração sem rugas, apesar. E nós como o Rei celebrando os acontecimentos da noite. A mulher que fechou a janela tinha uma estrela na mão. Fechou a janela, fechou a noite, fechou fechou.

Starville, latindo em algum verão, o suor o leite as frutas a cerveja. Jogar o anzol, fisgar a madrugada pela cauda. A samambaia é que me agrada mais quando é de noite e de chuva. Mas me agrada também todo o quintal com o seu mistério. Dezembro de um ano qualquer, hora de dormir.

Grou Coroado

É o meu marido. O nome dele, por favor.

Falou o nome. Enquanto a secretária olhava no arquivo, a mulher abriu a bolsa e tirou o espelhinho. Diante dele, passou a mão nos cabelos e mirou as rugas. Sentiu-se de repente muito velha e feia.

A secretária: quarto número dezenove. Deve ter saído há pouco da mesa de cirurgia. Agradeceu e seguiu pelo corredor branco. Um cheiro indefinido saía de sob as portas fechadas. Subiu uma escada. Havia um elevador, mas ela preferiu subir as escadas. Uma enfermeira descia conversando com um médico. No segundo andar havia um grande vaso de folhas verdes. Ela ficou por um momento na frente do vaso retomando a respiração normal e se perguntando por que no vaso só havia folhas e nenhuma flor. Começou a procurar o quarto número dezenove.

A numeração ia de um a dez e ela teve de subir novamente uma outra escada. Parou no meio, a mão no peito: meu Deus, por que sempre fazia as coisas pelo lado mais difícil? Então desceu os degraus que acabara de subir e esperou o elevador.

Ao entrar nele, começou a pensar no marido. Ele não podia fazer aquilo com ela. Era uma espécie de deserção. Ficou com vontade de tirar outra vez o espelhinho da bolsa, mas ante a perspectiva de tornar a ver o mesmo rosto de rugas, desistiu. O ascensorista olhava para ela. Na bolsa entreaberta, o brilho do espelho entre o batom e a carteira de identidade. O ascensorista a encarava. O que começava a sentir pelo marido naquele momento: uma raiva fininha querendo crescer e azedar o seu dia. A senhora vai sair ou não?, resmungou o ascensorista.

O quarto número dezenove ficava entre o quarto de número dezoito e o de número vinte e ela achou aquilo muito lógico e perfeito. Como perfeito era o velho que passava na sua cadeira de rodas, as duas pernas pela metade. Ela ficaria toda uma eternidade pendurada naquele vácuo branco e de cheiro indefinido se não existissem um compromisso e uma leve rede de água em seus olhos. Passou a mão nos olhos e depois no vestido e novamente se sentiu velha e desajeitada.

Ao abrir a porta do quarto dezenove: o universo higienizado, os assépticos metais borbulhando na água fervente, a paz doméstica dos chinelos sob a cama, o sol do meio-dia e um rosto estranho. Ela não podia acreditar. Já não era mais o homem de cinquenta e cinco anos — o mocinho de quinze? O novo rosto imberbe do marido trazia um novo som: foi uma operação tranquila.

É, falou ela, torcendo a bolsa nas mãos, você ficou um boneco. Não fiquei? Vem cá.

Ofereceu o murcho rosto triste para o homem. Beijou-o depois. Era como se beijasse o próprio filho ainda nas entranhas. Você ficou um boneco, tornou a repetir. Ele sorriu cheio de charme, o olho esquerdo arqueado: a enfermeira falou que eu fiquei com a cara do Terence Stamp. É, você ficou com a cara do Terence Stamp.

Enquanto ela falava, ia folheando o catálogo cheio de rostos. Eu fiz isto por você, querida. Eu sei. Você não vai ficar com ciúmes da enfermeira, não é? Ela abanou a cabeça e falou: não.

Eu prometo ser o mesmo marido rabugento de sempre. Ela sorriu de olhos baixos — procurava nele a raiz do velho homem. Ele, sabendo que a deixava constrangida, pediu o espelho. Mirou-se de vários ângulos. Depois — a cirurgia ficou tão cara que seria melhor permanecer com o rosto antigo. Pelo menos foi o rosto que Deus me deu. Riu forçadamente, tentando sustentar o fracasso da frase. Esperou que ela dissesse alguma coisa. Ante o seu silêncio, continuou — agora é uma vida nova. A mulher repetiu a frase do marido e ficou sem saber se permanecia sentada na cama ou se andava pelo quarto de uma maneira delicada, como andara na sua lua-de-mel, ou se ia para a janela se debruçar e chorar.

Francisco de Morais Mendes

Belo Horizonte. Escritor e jornalista, cursou o mestrado de Literatura Brasileira, na Faculdade de Letras da UFMG. Publicou os livros de contos *Escreva, querida* (Mazza, 1996) e *A razão selvagem* (Ciência do Acidente, 2003). Resenhou livros nos jornais *Correio Braziliense* e *O Tempo*, no qual foi cronista durante sete anos. Publicou contos no jornal *Rascunho*, de Curitiba, na revista eletrônica *Paralelos*, nos ônibus de BH (projeto *A tela e o texto*), e no site do *Letras e Ponto*. Tem sete prêmios literários, entre eles o Cidade de Belo Horizonte e o Minas de Cultura, recebidos por seu primeiro livro, em 1993; e o Luiz Vilela, da Fundação de Cultura de Ituiutaba. *A razão selvagem* foi semifinalista do Prêmio Portugal Telecom, em 2003. Em 2011, publica o livro de contos *Onde terminam os dias* (7 Letras).

Os que seguem garotas

Sem o metrô — Johnny está dizendo a Kate, Wingles está dizendo a Miranda, Pierre está dizendo a Ginny, Flávio está dizendo a Estela. Em diferentes cidades do mundo, eles estão na janela, e elas, Kate, Miranda, Ginny, Estela, estão num ponto do cômodo de onde não podem ver o que eles vêem. Sem o metrô — eles estão dizendo mais ou menos isso — as pessoas de cá não iriam para o lado de lá, assim como as pessoas de lá talvez fossem dar em outra parte.

As pessoas se conhecem porque estão sozinhas e precisam de alguém e por causa das lojas, dos bares, dos bancos de praça, dos ônibus, das filas de banco, das bancas de revista, dos escritórios, das festas em família, as pessoas se conhecem porque param para perguntar as horas e o nome das ruas. Todos eles, Johnny, Wingles, Pierre e Flávio, viveram uma história no metrô. Talvez nem todos se interessem em contá-la agora, mas Flávio está dizendo a Estela como conheceu uma garota com cabelos cor de ferrugem e, depois de encontrá-la casualmente algumas vezes, passou a segui-la, fazendo coincidir o horário em que tomavam o metrô, para acompanhá-la até a saída da estação.

Quando resolveu segui-la fora da estação, viu-a entrar na casa de ferragens. Era o bastante por aquele dia, vinte anos antes desse dia em que Estela está olhando um livro em papel couchê com fotos realmente muito boas e, estirada no sofá com os pés descalços apoiados na mesinha onde havia outros livros como aquele, come biscoitos tirados de uma lata decorada com a imagem de Diana, a caçadora, cercada de pequenos gamos. Esses biscoitos — ela diz — são muito bons, prestando pouca atenção em Flávio, mas Flávio está longe demais para ouvi-la, entretido com a imagem do metrô que agora risca o fundo da paisagem, antes de mergulhar no túnel onde ele supõe todos os metrôs se encontrem.

Ele volta a pensar na quantidade de pessoas que se encontram por causa do metrô e nas histórias que elas terão para contar e agora também Johnny, Wingles e Pierre estão contando histórias. Ele diz que, apaixonado, matava aulas duas vezes por semana para seguir a garota, e deve ter feito isso durante uns quatro meses, porque chegou a estação das chuvas. Um dia o pai lhe pediu que comprasse pregos e ele teve um motivo real para entrar na casa de ferragens, sem precisar valer-se de uma mentira, e talvez chegasse a falar com ela.

Estela agora demonstra interesse pela história de Flávio, como Kate pela de Johnny, Miranda pela de Wingles e Ginny pela de Pierre. Com pequenas variações, a história é a mesma. Estela fechou o livro, deixando a página marcada com o dedo, ouvindo Flávio dizer que via a aula passar com ansiedade. Estela espera o desfecho da história para decidir se conta ou não sua aventura no metrô de Paris, onde foi abordada por um sujeito chamado Pierre num dia em que a cidade cobriu-se de neve em tal quantidade que o metrô parou.

Curiosamente, foi também um acontecimento da natureza que adiou o encontro de Flávio com a garota. A caminho da loja ele foi apanhado por uma tempestade e teve de correr para o ônibus, chegou em casa sem os pregos e perdeu o motivo para fazê-lo no dia seguinte. Quando diz que o próprio pai providenciou os pregos, ele ri porque a frase lhe sugere um trava-língua. A intervalos regulares passa o metrô ao longe, Flávio não escuta o ruído, apenas vê a lagarta deslizando nos trilhos, mas para de falar quando o metrô passa.

Dias depois ele estava com a mochila no metrô, procurando a garota e não a encontrou. E outra e outra vez, até que, descendo na estação central, a moça surgiu e perguntou à queima-roupa por que ele a estivera seguindo por todo o semestre.

A mochila desequilibrou-se e na tentativa de mantê-la à mão deixou cair a revista que viera folheando, e a moça começou a rir do seu modo desajeitado. Não se lembra sobre o que conversaram naquele dia, mas, sim, ele de algum modo tentou conquistá-la, e ela respondeu que não era tão simples assim.

Então Estela se surpreende, como também Kate, Miranda e Ginny, que estão dizendo a Johnny, a Wingles e a Pierre que também elas responderam, Estela a Pierre, Kate a Wingles, Miranda a Johnny e Ginny a Flávio, que não era tão simples assim.

— Eu também vivi isso em Paris — diz Estela, perdendo o interesse pelo que iria contar. E volta a folhear o livro e a tirar biscoitos da lata. As histórias um dia acabam.

Flávio tenta fazer um percurso imaginário pela cidade seguindo apenas os pontos onde há verde. Começa pelo verde à direita da janela, é uma longa trilha que se adensa em direção ao norte e subitamente desaparece depois do vale. Não é possível retomá-lo naquele sentido, e ele quer se orientar em linha reta. Consegue unir outras porções de verde e pensa que é possível atravessar grande parte da cidade por ali mas, a certa altura, será preciso deslocar-se para a esquerda, onde ele imagina uma avenida arborizada. Ele se lembra de "O barão nas árvores", de Italo Calvino, e também de "O nadador", o conto de John Cheever que leu no metrô. Leu-o há uns vinte anos e não o esquecerá até o final da vida. A vida talvez não passe disso: atravessar piscinas e envelhecer entre uma piscina e outra. Pensou em dizer tudo isso para Estela, mas, refletindo melhor, voltou a procurar seu caminho verde. Refez o percurso até reencontrar a avenida arborizada da sua imaginação. Seguindo-a, o olhar sobrevoa outra grande parcela de verde, interrompida por uma parede de prédios dos quais, do seu ponto de observação, não há saída visível.

Jaime Prado Gouvêa

Belo Horizonte. Bacharel em Direito pela UFMG. Integrou a geração responsável pelo *Suplemento Literário do Minas Gerais* em algumas de suas fases mais importantes, entre 1969 e 1986; desde fevereiro de 2009, é o titular da superintendência do jornal. No jornalismo, atuou na redação do *Jornal da Tarde*, em São Paulo, e na sucursal de *O Globo*, em BH, entre 1971 e 1973. Estreou em livro com *Areia Tornando em Pedra* (Oficina, 1970), prosseguindo com *Dorinha Dorê* (Interlivros, 1975) e *Fichas de Vitrola* (Guanabara, 1986), que venceu o Prêmio Nacional Guimarães Rosa (1982). Lançou, em 1991, o romance *O Altar das Montanhas de Minas* (Siciliano). Em 2007, a Editora Record lançou sua coletânea *Fichas de Vitrola & Outros Contos*, livro finalista do Prêmio Jabuti 2008. A mesma casa reeditou seu romance *O Altar das Montanhas de Minas*, em 2010.

Os pardais da fazenda do meu tio

Estava bastante escuro e meu tio teve de acender os faróis do jipe muito antes da divisa da fazenda e diminuir a marcha. É que ali os caminhões de buscar areia no riacho atolavam sempre na época das chuvas — era época de chuvas — e deixavam grandes buracos na estradinha de terra, sem contar a possibilidade dos vaqueiros estarem trazendo agora a boiada do pasto e atravessando sem cuidado nenhum à nossa frente. A escuridão fechava a paisagem para a gente, principalmente para mim e para Hugo, meu irmão mais novo, que íamos sentados na lata incômoda em cima da roda, vendo aos solavancos os barrancos empoeirados que passavam. Pensei que seria melhor levar o resto do percurso de olhos fechados, talvez até andasse mais depressa para chegar, até que vimos do lado de lá do riachinho um monte de pirilampos piscando, como que acompanhando os gritos dos pardais nas árvores mais próximas, um concerto estranho que nos manteve ligados o necessário para não percebermos que havíamos chegado.

Meu tio desceu na frente para tirar as malas. Ele e meu primo Ricardo, que devia ter seus dezoito anos mas era acostumado com fazenda, tinham passado o tempo todo falando do que era preciso fazer nas plantações, os bezerrinhos que tinham que procurar pelas bandas do morro. Isso não interessava nem a mim nem a Hugo. Os bezerrinhos talvez sim, a gente gostava muito de bicho, mas esse negócio de plantação era muito chato. Eles desceram e puxaram as malas para fora, a mala grande onde mamãe colocara quase todas as nossas roupas, um balde, a caixa de ferramentas e uma porção de coisas da roça. Só o que deixaram pra gente levar foi o baú de brinquedos do Hugo, onde estavam nossos revólveres, a bola vazia, cadernos, lápis e o livro de Ciências Naturais. O tio achou graça da gente ter trazido o livro, mas é que a professora marcara uma composição para ser escrita durante a Semana

Santa e o tema era contar o que tínhamos feito nos feriados, e ali, na natureza, decerto ele seria útil. Por isso, desde o começo da viagem eu vinha anotando no caderno tudo que fosse interessante, e eu senti raiva por ter percebido apenas a gritaria dos pardais em vez de cantos de aves mais bonitas como canários, sabiás, curiós. Porque pardal era um passarinho feio e inútil, a professora tinha falado na aula que não servia nem para ficar na gaiola, era nocivo às plantações e não cantava nunca. Que pardal era um passarinho como alguns meninos que ela conhecia, que estragava as coisas e não ajudava em nada, mas que não devia ser maltratado porque também era uma criaturinha de Deus. Isso os abençoava e protegia, nós não teríamos coragem de jogar pedra neles e seria muito justo anotar que aquela gritaria foi a primeira impressão forte que sentimos, apesar do pisca-pisca dos pirilampos ter sido muito mais bonito.

No dia seguinte devia chegar mais gente. O tio entrou na casa com as malas e nos levou para o quartinho dos fundos, que de manhã chegaria nossa tia com a prima Leninha e mais um casal amigo deles e possivelmente outras pessoas. Leninha talvez trouxesse uma amiga para brincar com ela, fez muita pirraça quando o pai disse não e que deixasse de inventar moda, e eles ficaram muito aborrecidos um com o outro. Leninha disse que não queria vir, mas o pai falou que ela não podia ficar em casa sozinha e, se criasse caso, ia acabar apanhando. Eu queria que ela apanhasse dele. Queria porque ia ser muito chato se ela trouxesse a tal amiga e não ficasse comigo hora nenhuma. Eu achava, naquele tempo, que Leninha era a menina mais bonita do mundo, não sei se porque ela pouco ligava para mim ou porque tinha olhos azuis, narizinho arrebitado e as bochechas muito vermelhas. E também aquela vozinha rouca que ela fazia para pedir algum brinquedo meu para ir brincar com a amiga. Por isso eu queria que ela apanhasse do pai, para que eu pudesse consolá-la e ela passasse a gostar de mim.

Leninha chegou sem a amiga e eu ainda estava dormindo. Esperei que ela fosse lá para fora, não queria que visse minha cara de sono. Calcei as botas desenhadas de cowboy, o cinturão com o revólver e a estrelinha prendendo alguns fios de couro que serviam para amarrar na perna. O bom das botas era que a gente pisava duro e fazia um barulho grande e ameaçador nos corredores da casa. Eu vinha e parava na soleira da porta da copa, as pernas bem abertas, e saudava um oi para as pessoas ali sentadas tomando café. O tio acordara cedo, estava no curral ajudando a tirar o leite. Aquele leite que dizia parecer com chope por causa da espuma, e eu imaginava que era chope mesmo, só que enjoando com o calorzinho da maminha da vaca que deixava uma gosma preguenta na garganta. O tio estava lá fora, no curral, e Leninha estava trepada na cerca com uma calça branca e botas que pareciam ser muito grandes para ela. Estava de cabelo amarrado, o rosto sem cor, e eu notei que suas botas estavam muito sujas. Entre a sola e o salto estava atulhado de bosta de boi e ela não ligava nada para isso, não fazia menção nenhuma de, pelo menos, esfregar os pés na cerca e limpar aquilo. Mesmo assim procurei chegar perto dela, mas passando pelo caminho mais comprido, saltando de pedra em pedra, e notei que ela reparava meu desajeito e o ridículo que eu senti de repente por estar pulando esterco com um revólver pendurado na cintura. Quando cheguei ao lado dela já não tinha moral para dizer nada.

Foi bom o Hugo ter chegado naquela hora. Eu sempre achei meu irmão um pouco burro, ele não ligava muito pra esse negócio de menina, mas a verdade é que ele ainda era muito pequeno pra pensar nessas coisas. Ele devia ter uns oito anos de idade. Eu e Leninha tínhamos onze e ela gostava de ser chamada de mocinha, de usar saias curtas e ir sozinha à sessão das quatro ver filmes de amor, que, aliás, eu achava chatíssimos. Hugo chegou e perguntou se a gente não queria ir até lá embaixo no riacho, que o tio não queria que ele fosse sozinho. Leninha não se mexeu e eu tive raiva dela. Desci da cerca e corri até o Hugo, passei correndo por ele e disse que ele não era homem de me alcançar na corrida até o riacho. Passei voando pela porteira, tinha um toco lá, dei com o bico da bota e rolei uns três metros na poeira. Hugo parou para rir, rindo picado por falta de fôlego e eu xinguei um palavrão. Estava com tanta raiva então que pisei num canteiro de flores da titia, quebrando os galhinhos mais frágeis. Quando vi já era tarde e achei que seria feio voltar atrás. Chutei umas outras flores e mandei o Hugo calar a boca. Depois fomos descendo devagar na direção do riacho, ele meio sem graça, eu começando a ficar apavorado com a cara da minha tia quando visse o que eu tinha feito. A manhã, com as pedras coloridas do riachinho e o barulho gelado que a água fazia chupando as moitas caídas, com tudo isso, ficou sendo apenas um pesadelo que eu fazia tudo para não sonhar, que eu não queria nunca ter feito aquilo e que minha tia não ia falar nada, mas que ia ficar olhando decepcionada para mim o tempo todo do almoço, e Leninha também.

De tarde, se é que a gente podia chamar as onze horas de tarde — naquele tempo nós dividíamos as partes do dia pelas refeições; o almoço de roça foi às dez e meia; logo, às onze, era de tarde —, de tarde o primo Ricardo saiu para procurar os bezerros no morro. Fomos com ele mesmo sem ser convidados, eu porque queria ficar o mais que pudesse longe de minha tia (ela não tinha falado nada, mas acho que ela sabia das plantas destruídas, não sei por quê, mas acho que ela sabia, mas podia também estar achando que aquilo tinha sido obra dos patos ou dos pardais), e Hugo, porque ele era um eterno rabicho, só sabia imitar o que eu fazia, e ia atrás de mim. Ricardo não conversava muito comigo, nem eu com Hugo, a não ser quando a gente perguntava alguma coisa. Ele só abriu a boca mesmo quando passamos pelo pomar e ele apontou umas laranjas esburacadas, e disse que, como não tinha notícia de nenhuma praga na região, aquilo só podia ser obra dos pardais, e disse que aquele bicho era uma praga e que só servia para destruir as coisas, que era um passarinho feio e besta, nem cantar cantava. Nós passamos do pomar e começamos a subir pelo morro quando senti a perna esquerda doendo. Deve ter sido quando pulei a cerca de arame farpado que arranhei a perna, como poderia também ter sido na hora do tombo, mas a verdade era que eu tinha custado a sentir o arranhão que agora ardia e preocupava.

Não quis dizer nada ao meu primo, com medo dele falar que não tinha nos chamado para procurar os bezerros, e fui andando cada vez mais calado e triste atrás dele, sem a curiosidade e os pulos que o Hugo dava quando via algum bicho perto. Eu sabia que seria como das outras vezes. O caderno para as anotações ia ficar guardado no fundo do baú de brinquedos do Hugo. Quando chegasse o domingo e a composição não estivesse feita ainda, à noite em casa eu começaria a amolar mamãe, ia pedir a ela que recortasse alguma figura de fazenda na revista e rabiscaria sem nenhuma confiança uma história sobre bezerros e pirilampos, sobre passeios a cavalo que já me pareciam tão impossíveis quanto o sonho de andar na beira do riacho contando coisas para Leninha.

Não encontramos bezerro nenhum e voltamos pelo mesmo caminho. Ricardo já esperava por isso e só se importava em olhar lá longe os laranjais que ele tinha ajudado meu tio a plantar e que estavam prometendo boa colheita para aquele ano. Ele não tinha interesse em comentar isso com a gente, e hoje eu sei que tinha razão, que aquilo não fazia nenhum sentido para nós a não ser quando as laranjas estivessem descascadas e sem caroço, em cima da mesa, e com o quintal inteiro para jogar o bagaço depois. Ele sabia disso muito bem e por isso olhava os laranjais em silêncio, com uma expressão meio desanimada como se tudo aquilo, afinal, fosse apenas mais um trabalho perdido.

Depois, na volta à casa da fazenda, a tarde se arrastando sem ventos, as galinhas e os patos bicando chão. Leninha tinha ido dormir depois do almoço porque levantara de madrugada para viajar e porque não tinha mesmo com quem brincar. O primo Ricardo chegou na frente, eu pensei que ele fosse passar direto mas ele parou na porteira e ficou olhando o jardinzinho destruído, e eu adivinhei que ele estaria pensando as mesmas coisas do pomar. Por isso fiz que não notei a tia esperando por nós na varanda. Leninha estava ao lado dela, de banho tomado, o rosto limpo que eu imaginava iluminado todas as noites, naquela luz da tarde. Deixei Hugo ir andando sozinho para a casa e desci na direção do riacho, andando devagar e pensando, agora com muita calma, no que havia planejado para aqueles dias na fazenda, a composição falando de canários, flores, de Leninha, pensando que faltava pouco tempo para escurecer e os pardais começarem a gritar no alto das árvores depois de estragarem os laranjais, aqueles bichos feios e imprestáveis, e sentindo, confusamente, que já não era tão difícil entender a inutilidade e a fúria daquelas criaturinhas de Deus.

Jeter Neves

Miradouro. Escritor e professor universitário, leciona na PUC Minas. Sua área de atuação é a *Linguística*, na linha de pesquisa da *Análise do Discurso*. Na ficção, publicou o livro de contos *Fratura exposta* (Editora Comunicação), primeiro lugar no Concurso de Contos do Paraná e Prêmio Cidade de Belo Horizonte, em 1983; e o romance *A língua da serpente* (Lê), finalista na Bienal Nestlé de Literatura (1994). Tem inéditos, ambos premiados: *Quadros para um oratório*, contos, Prêmio Cidade de Belo Horizonte (1996) e *Vila Vermelho*, romance, Prêmio Governo do Estado de Minas de Literatura (2011).

A árvore

> *A vida era por um momento.*
> *Não era dada. Era emprestada.*
> *Tudo é testamento.*
>
> Tom Jobim

Os pássaros

O capim ondula ao hálito morno do vento. Negros, álacres, os anuns chegam em bando. Fazem os ninhos em algum lugar além do rio. Não crocitam, ensina o dicionário, "no seu canto parecem é pronunciar a palavra tupi anu donde lhes vem o nome" — meus ouvidos discordam. Deram a eles o nome de *Crotophaga ani, L.*, que soa risivelmente europeu. As espigas maduras do capim devem animar-lhes o canto, mas algo fora de ordem parece impeli-los para o lado de cá. Pousam nos fios da rede elétrica, e as pautas de cobre se enchem de notas vivas. Permutam as posições, decifro nesse movimento frases musicais. A uma secreta senha voam, numa vibração uníssona. Ao me recolher, continuam em minhas retinas. Fecho os olhos, lá estão eles. Só se apagam às primeiras horas da manhã, depois de tê-los transcrito em pautas e experimentado ao piano. Quando menino, li a história de um compositor que fez um pacto. O Diabo lhe enviava aves. De suas posições, que iam permutando nos cabos da rede elétrica, o homem tirava as notas geniais que era incapaz de criar (a imagem de cabos elétricos como pauta e pássaros como notas tornaram-se um clichê). *Meus* pássaros não são corvos. Corvos crocitam. Anuns, não.

A música

Criar é esvaziar. No princípio, a escuridão, a cacofonia de vozes, ruídos. Quando, enfim, sobrevém a criação materializada, deixo-me sentar à varanda, pacificado, o corpo ainda lasso de dar à luz os sons, uma taça de vinho sem metafísica, como o chocolate da menina suja do poema. As notas e os movimentos retornam então aos meus ouvidos em ondas de harmonia, sem a exaustão e a angústia que os antecederam. Têm o dom de justificarem minha vida e de remirem minhas imperfeições. Mas aquela sensação inicial — a angústia da informidade, a balbúrdia de vozes, os sons latejando no meu cérebro — leva algum tempo para se desfazer. É como se eu estivesse perdido num voo orbital, uma sensação de vazio sob os pés.

A árvore

Manhã de domingo. Espiando o capinzal seco, na outra margem do rio, esperava um sinal dos anuns. Talvez fossem mensageiros de algum alento, quem sabe de alguma inspiração. Mas o que me atraiu foram uns sons cortantes vindos da rua. Cheguei à varanda. Com uma espécie de tesoura adaptada à extremidade de uma vara, o vizinho podava as vagens do *flamboyant*. Tentei apreender o propósito de tão laboriosa e inusitada operação. O homem avistou-me e, sem que lhe perguntasse, explicou que as vagens enfeavam a árvore. Fiquei intrigado com sua percepção de beleza. É certo que nessa época do ano a árvore perde as folhas e as vagens pendem um tanto deprimidas, no seu castanho-acinzentado. A atividade distraiu-me, esqueci-me por um tempo dos amigos de asas negras e das pautas por preencher. O trabalho se estendeu por toda a manhã. O homem precisou de uma escada para alcançar as vagens mais altas. O chão ficou coberto de "espadas". Tudo o que pendia foi decepado com paciência de um artesão relojoeiro e obstinação de formiga. Nessa manhã, deixou a lavação e o polimento da caminhonete, ritual a que o homem se entrega religiosamente a cada domingo depois da missa. Especulo, sem sucesso, as razões imperativas que o levaram a quebrar sua rotina.

Os pássaros

Chegam da outra margem do rio, irrequietos, de algum ponto do capinzal. Pousam nas paralelas dos fios elétricos. As longas caudas oscilam num balanço de pêndulo. Permutam posições num sincronismo que sugere movimentos combinados. Assim que ouço a algazarra, largo as partituras e vou à janela. Revoam, como se me esperassem, buscam o *flamboyant* em frente, revoam novamente, buscam as árvores do pomar e embarafustam-se em suas copas. Corro à janela dos fundos. Assim que os localizo entre a folhagem ou pousados no arame da cerca de bambu, decolam de novo num único *flap* de asas. Agrada-me a ideia infantil de que querem brincar comigo. Na casa de meus pais, havia um pomar, bandos de pássaros de todas as cores vinham às frutas. Sentia uma inveja aflita de suas plumas e de seus ninhos, eu os queria tanto que lhes punha armadilhas.

Tocam-se no ar, perseguem-se. Prestos. Vivazes. Alegres. Como uma manhã de núpcias.

Iii...! *Iii...*! *Iii...*!, riem.

A árvore

Vieram em um caminhão. Tinham cordas, machados e uma motosserra. Primeiro, cortaram os galhos mais baixos — o homem explicou que atrapalhavam a rede elétrica. A equipe do chão picou os galhos em toras de um metro e os arranjou em pilha no passeio. Depois, subiram até o meio e cortaram acima da rede elétrica — o homem explicou que tinha autorização do Serviço de Parques e Jardins. De novo, a equipe do chão picou e empilhou os galhos. Subiram mais alto e cortaram os últimos galhos — o homem não explicou o corte dos galhos mais altos. A equipe do chão picou, empilhou e recolheu a galhada fina. Depois, se foram. De pé deixaram o tronco, um totem de braços decepados — está acima da minha compreensão o motivo por que o pouparam. Sem me olhar, o homem disse que aquela árvore era o diabo, arrebentava passeio, trincava muro, sujava quintal... Enquanto falava, lançava olhares que iam de sua árvore mutilada à árvore que continuava intacta do meu lado de rua — havia algo bovinamente homicida no seu jeito de medir as duas. Aflito, olhei ao redor, há dias uma descuidada camada de folhas cobria o passeio do meu lado. Temi que o folhiço largado pela árvore pudesse servir de prova de nosso — meu e da árvore — desvio de conduta, um crime punível com a pena de corte.

Dias depois, ao retornar da Capital, os galhos empilhados tinham sido levados e o tronco fora finalmente decepado e picado em tocos de meio metro e dispostos em pé, na frente da casa, à guisa de tamboretes. Duas dezenas de *moais* anões!

Os pássaros

Há dias os anuns não vêm. Acreditei tê-los ouvido esta manhã e, depois de uma revoada próxima e um breve *flap* de asas, pensei tê-los ouvido se afastarem. Algo parece ter desordenado sua ruidosa e sempre esperada visita.

A árvore

Noite alta. Primeiro a claridade irrequieta das chamas, depois a crepitação. Hora estranha para menino brincar com fogo, pensei. Eu buscava sem êxito dar forma final a um dueto de vozes. Cheguei à janela. O homem fizera uma fogueira no pé amputado do *flamboyant*. Usava a própria matéria da árvore: cascas, pontas de galhos, folhiço e vagens secas que sobraram da limpeza. Era como se cauterizasse a ferida, precavendo-se de uma recidiva. Mas não previra o pipocar das vagens superaquecidas, que me atraíram. Ao avistar-me, justificou que todo aquele incômodo poderia ter sido evitado, o problema eram os percevejos. Sem o corte, eles teriam passado para as outras árvores, a minha, inclusive, argumentou. Os insetos virtuais eram novidade, sua explicação revelava uma mudança de tática: tentava acumpliciar-me, e fazia isso mentindo. O homem me subestimava. Por um instante, tive raiva. Depois, medo. Medo da força de sua solidão.

A música

A solidão é um campo sem árvore, sem anuns, sem acordes, pensei. Nessa manhã, fui, inúmeras vezes, das árvores do quintal à janela da rua sem *flamboyant* em busca de algo. Ar seco, outubro chegando ao final, cinza opaco do céu, nenhum sinal de chuva. Nenhum anum. Da casa do homem, me vêm sons de alto-falante: um dueto de vozes masculinas, baixo e falsete, trêmulo, em que a traição dela foi cruel, com o melhor amigo, que é preciso esquecer ou na bebida ou morte, dos dois ou de si mesmo, não estava muito claro...

Jorge Fernando dos Santos

Belo Horizonte. Escritor, compositor e jornalista. Foi articulista, repórter e editor de cultura, suplementos e revistas no jornal *Estado de Minas*. Trabalhou como assessor de comunicação, editou a revista *Passo a Passo*, do Sebrae/MG, foi pesquisador e redator do programa *Nos Braços da Viola* pela TV Brasil e escreveu um episódio do *Você Decide* para a TV Globo. Ganhou prêmios como dramaturgo, produziu CDs e publicou cerca de 40 livros em diferentes gêneros, entre eles *O Rei da Rua* (Atual), *Alice no País da Natureza* (Paulus), *Pó de Palavra* (Paulinas), *Sumidouro das Almas* (Atual), a coleção *Natureza Viva* (Prumo), *Primavera dos Mortos* (Atual), *O Menino que Perdeu a Sombra* (Positivo) e *Ave Viola — Cordel da Viola Caipira* (Paulus). Seu romance *Palmeira Seca* (Atual) ganhou o Prêmio Guimarães Rosa, foi adaptado para teatro e TV com trilha sonora registrada em CD e mereceu dissertação de mestrado e tradução na Itália. Seu livro-disco *ABC da MPB* (Paulus), recebeu o selo "altamente recomendável" da FNLIJ, sendo incluído no catálogo da Feira de Livros Infantis de Bolonha. Site: www.jorgefernandosantos.com.br

Os fantasmas do velho general

Pelo que sei, Adolfo Tavares da Anunciação era general de brigada da reserva do Exército Brasileiro. Carioca da gema e torcedor do Fluminense, disse-me que morava num apartamento no Leblon, e que levantava cedo todos os dias para caminhar no calçadão da praia. Aos 74 anos, gabava-se de estar em plena forma, sim senhor.

Solteirão convicto, ele teve a pátria como único objeto do seu amor e a ela dedicou toda a vida, desde o ingresso na Academia Militar das Agulhas Negras, ainda na adolescência. Guardava na cristaleira que herdara da mãe todas as medalhas conquistadas ao longo da carreira, dos seus tempos de subtenente da Infantaria até as funções burocráticas de coronel no Ministério da Defesa, pouco antes de ser reformado.

General Tavares — eis o seu nome de guerra — era frequentador assíduo do Clube Militar do Rio, onde jogava tênis e sinuca com veteranos que trocaram a farda pelo pijama. Isso o ajudava a quebrar a rotina de vida de quem se via longe da caserna há mais de uma década, entende? Duas vezes por ano, em feriados prolongados, ele costumava viajar sozinho pelo circuito das águas, no interior de Minas, a fim de se livrar do estresse da cidade grande.

O velho oficial a paisana era daqueles que se orgulham da própria biografia. Gabava-se de ter servido em diferentes regiões militares, no combate à subversão e às guerrilhas de esquerda. No seu ponto de vista, a revolução de 1964 salvara o Brasil da escória comunista e dos falsos democratas que sempre conspiraram contra a liberdade dos povos.

Aos olhos do experiente militar, era um absurdo que ainda se cogitasse investigar uma suposta verdade sobre fatos obscuros ocorridos no país durante o regime ao qual se dedicou com bravura e lealdade. Se alguém lhe questionava sobre a tortura praticada contra presos políticos nos porões da ditadura, ele dizia que jamais presenciou esse tipo de coisa nas dependências de um quartel. Achava que os presidentes militares foram democratas convictos e graças a eles o país não se curvou ao estalinismo nem seguiu o pernicioso exemplo da ilha de Fidel Castro. Aliás, com exceção de Jesus Cristo e seus apóstolos, general Tavares não admitia homens de barba.

Quando se hospedava no Hotel da Previdência, nas imediações do Grande Hotel e Termas de Araxá, ele mantinha o hábito de se levantar cedo para caminhar por mais de uma hora pela verdejante paisagem local. Depois se exercitava na piscina, tomava uma boa ducha e se dirigia ao restaurante para o café da manhã. Foi ali mesmo que o conheci, tempos atrás. Estava sempre bem disposto e era muito educado no trato com os funcionários e outros hóspedes. Provavelmente ele nem imaginava que dessa vez, em pleno retiro de carnaval, pudesse ter um reencontro casual que o levaria de volta aos tempos da mocidade.

Além da pátria, general Tavares me disse que só tivera um amor na vida. Chamava-se Aurora, moça loura de olhos azuis, filha de imigrantes alemães que vieram para o Brasil logo após a Segunda Guerra. O pai farmacêutico tinha sangue judeu e fora prisioneiro num campo de concentração, o que motivara sua saída da Baviera tão logo fora libertado pelos aliados. Conheceu a futura esposa no navio, viajando para o Espírito Santo. Anos depois, já casados, fixaram residência em Belo Horizonte, onde a filha nasceu e cresceu cercada de todos os mimos.

O então primeiro-tenente Tavares servia no 12º Regimento de Infantaria, cujo quartel, no bairro do Prado, ficava perto da residência da jovem. Quando ela saía de casa a caminho da Faculdade de Medicina, os recrutas que estavam de sentinela se inquietavam ao vê-la passar e faltavam bater continência diante de sua formosura, entende? No dia em que a viu pela primeira vez, o oficial de 30 anos quase se perfilou.

Como o destino costuma tecer suas tramas com a habilidade de uma velha aranha, menos de uma semana depois o primeiro-tenente se viu inebriado pelo charme de Aurora. Estava num jipe dirigido pelo cabo da guarda, a caminho da Quarta Divisão, quando passou por ela rente ao passeio, do outro lado da rua.

Ao flertar com ele, a moça tropeçou e deixou cadernos e livros caírem. Tavares ordenou ao motorista que freasse, saltou do carro e correu na intenção de ajudá-la. Trocaram meia dúzia de palavras. Ele ofereceu carona, mas Aurora não aceitou, preferindo seguir a pé até o ponto de ônibus no quarteirão adiante.

E assim, a partir daquele dia, sempre no mesmo horário, Tavares saía do quartel, ele próprio dirigindo o jipe, bem a tempo de alcançar Aurora antes que entrasse no ônibus. Insistia em lhe dar carona, mas como boa moça de família ela continuava recusando sua gentil oferta. Isso durou cerca de duas semanas, até que numa tarde chuvosa ela fechou a sombrinha e entrou no jipe verde-oliva de capota de lona.

Tavares conduziu-a até o campus universitário. No trajeto, conversaram sobre vários assuntos e combinaram de ir juntos à matinê de domingo, no antigo cine Odeon. E foi assistindo ao filme "A Bela da Tarde" que ela se rendeu aos galanteios do militar, mesmo sem o conhecimento e a permissão dos pais. Como ex-prisioneiro de guerra, o velho Otto odiava homens de farda e queria muito que a filha se formasse na faculdade antes de se comprometer com quem quer que fosse, entende?

Eram anos de chumbo, de disputas ideológicas e batalhas campais entre policiais e estudantes. Aurora frequentava o Diretório Acadêmico e, influenciada pelo que o pai sempre dizia sobre as ditaduras, acabou se envolvendo com grupos ligados à luta armada sem dizer nada à família. Sua função inicial foi distribuir panfletos na universidade e em lugares estratégicos da capital, como pontos de ônibus e portas de fábricas.

A jovem estudante jamais revelaria ao namorado seu engajamento na resistência contra os militares. Também passou a evitar que ele a levasse de jipe ao campus, pois não pegaria bem se a turma descobrisse que ela estava se relacionando justamente com um milico.

E assim correu a vida por mais de um mês até que o inevitável aconteceu. Certo dia, ao entardecer, Aurora foi detida por agentes da repressão na Estação Rodoviária, onde panfletava "em nome das liberdades democráticas". Levada para as dependências do Departamento de Ordem Política e Social, o antigo Dops, ela teve direito a um único telefonema.

A mãe era cardíaca e, temendo por sua saúde, a filha preferiu ligar para o namorado, no quartel. Ele estava de serviço, mas conseguiu autorização para deixar o posto por algumas horas. Inventou que um amigo fora atropelando e estava no Pronto-Socorro da Santa Casa. Tão logo chegou à sede do Dops no jipe que costumava dirigir, o primeiro-tenente pediu para falar com o delegado de plantão. Explicou que tinha experiência com subversivos e que poderia convencer a jovem ativista a colaborar com as investigações.

Tavares bem que tentou, mas, além da beleza, Aurora estava acima da média também no quesito teimosia. Se revelasse pelo menos um nome aos policiais poderia ser liberada sem maiores problemas, entende? Mesmo petrificada de medo, ela declarou que jamais trairia os companheiros. Desde aquele dia ele nunca mais a viu, pois não queria prejudicar a própria carreira. Tempos depois, ficou sabendo por um oficial da Informação que a estudante havia se mudado com a família para Vila Velha, no Espírito Santo. Estuprada por um dos torturadores, a moça tivera um filho que jamais conheceria o pai.

Para Tavares, ficar longe de Aurora talvez fosse o mesmo que evitar a própria covardia refletida nos olhos dela. Afinal, convenhamos, a moça era ao mesmo tempo vítima e testemunha de seu egoísmo e de sua falta de caráter. Promovido a capitão, ele foi transferido para a região do Araguaia, onde se empenhou no combate à guerrilha que desafiava o regime dos generais. Jamais cogitou se casar e dedicou a vida exclusivamente à pátria, como se a carreira militar fosse algo assim tipo um sacerdócio, entende?

Como de costume, no domingo de carnaval, o general tomava o café da manhã no restaurante do Hotel da Previdência, onde trabalho como garçom. Em certo momento, ele viu entrar no recinto uma senhora que aparentava sessenta e poucos anos. Ela se sentou numa mesa do fundo, perto do bufê. Estava em companhia do filho, da nora e do casal de netos adolescentes com os quais se hospedara. "Aurora?", ouvi o oficial exclamar no exato momento em que seus olhares se cruzaram. Presumo que ela tenha pronunciado o nome dele, pois os familiares se voltaram para ver de quem se tratava.

Tavares agiu como se visse um fantasma. Seu rosto moreno simplesmente perdeu a cor. Mesmo assim, limpou a boca num guardanapo de papel e caminhou em direção à mesa do fundo, cuja principal ocupante permaneceu sentada, mas sem deixar de encará-lo. Margeados de pés de galinha, os olhos azuis e expressivos daquela mulher de cabelos brancos e maquiagem discreta pareciam faiscar de perplexidade.

Ao se aproximar, o militar a paisana perfilou-se como se estivesse diante de uma patente superior. Tentou dizer alguma coisa, mas as palavras lhe escaparam, a língua se enrolou e, subitamente, ele caiu desfalecido. Meus colegas e eu acorremos, temendo que tivesse morrido ou se machucado. A velha senhora identificou-se como médica e ficou de joelhos ao lado dele, na tentativa de socorrê-lo. Conseguiu reanimá-lo, olharam-se mutuamente, mas sem trocar uma só palavra, entende?

Nosso gerente, que também se encontrava no restaurante naquele momento, solicitou minha ajuda para conduzir o hóspede até o quarto. Perguntamos se gostaria de ir ao hospital e ele disse que não precisava. Já estava habituado aos efeitos da queda de glicose sempre que se irritava ou sofria uma forte emoção. "É o peso da idade", chegou a comentar. O gerente, então, se retirou e o general ordenou que eu ficasse mais um pouco. Indicou-me a poltrona ao lado da cama para que eu me sentasse e, em seguida, como num desabafo, contou-me toda a história que acabei de relatar.

Voltei ao trabalho e notei sua ausência na hora do almoço. Provavelmente ainda está repousando, falei comigo mesmo. No meio da tarde, o hotel foi sacudido pelo disparo vindo do seu apartamento. A porta estava trancada por dentro e a camareira teve que usar a chave mestra, para que pudéssemos entrar. E lá estava o corpo estirado de costas sobre a cama, com um buraco em cada têmpora, os olhos castanhos arregalados, o sangue e os miolos esparramados no travesseiro. A mão direita empunhava a pistola automática cujo cano ainda exalava cheiro de pólvora.

Nosso hóspede Adolfo Tavares da Anunciação, general de duas estrelas da reserva do Exército Brasileiro, simplesmente havia se matado sem nem mesmo deixar um bilhete. Mas, pensando bem, nem precisava. Para mim tudo estava explicado, entende? E nada mais tenho a declarar sobre o caso.

Leo Cunha

Bocaiuva. Escritor, jornalista e professor universitário. Mestre em Ciência da Informação e doutor em Artes/Cinema, pela UFMG. Já publicou mais de 40 livros de literatura infantojuvenil, em prosa e poesia, além de participar de diversas coletâneas. Dentre eles, *Manual de desculpas esfarrapadas* (FTD), *Ninguém me entende nessa casa!* (FTD), *Profissonhos* (Planeta), *Cantigamente* (Ediouro), *Vendo poesia* (FTD), *Clave de lua* (Paulinas), *Em boca fechada não entra estrela* (Ediouro), *A menina da varanda* (Record), *Castelos, princesas e babás* (Dimensão), *Conversa pra boy dormir* (Dimensão), *Pela estrada afora* (Atual), *As pilhas fracas do tempo* (Atual) e *Na marca do pênalti* (Atual). Traduziu cerca de 20 livros, de autores como Julio Cortázar, Robert Stevenson, Charles Dickens, Jerry Spinelli e Jon Scieszka. Foi cronista dos jornais *O Tempo* e *Hoje em Dia* e publicou quatro títulos de crônica. Seus livros já receberam os principais prêmios da literatura infantojuvenil brasileira, como o Nestlé, Jabuti, FNLIJ, Adolfo Aizen, João-de-Barro, entre outros. É redator da webrevista *Filmes Polvo* desde 2008.

Versos e aforismos

1. Manhã silenciosa:
esse latido distante
está dentro de mim.

2. Romeu e Julieta
Chega de veneno.
Agora vamos só de
milk-shakespeare.

3. Quem tem dor de cotovelo
não dá o braço a torcer.

4. Se os médicos persistirem, procure um sintoma.

5. Dar a cara a tapa é um ato de coragem.
Oferecer a outra face é reflexo condicionado.

6. A poesia desvia a língua
de seu leito(r) habitual.

7. Quem escreve frases tortas,
não liga para a tortura.

8. Não venha aqui reclamar dos meus chavões.
Dirija-se ao clichê ao lado.

9. Todos unidos para a última foto,
vítimas do terrorismo ou terremoto.

10. Na política, fidelidade canina
é nunca largar o osso.

11. Em tempo de eleição, a gente sente:
a humildade do ar chega a 100%.

12. Sou contra a extrema-direita, a extrema-esquerda,
a extrema-unção e até contra o acordo ortográfico,
que criou o ex-trema.

13. Dúvida é a minha palavra favorita.
Mas não
tenho certeza.

14. O silêncio é a maior distância
entre dois pontos.

15. Versinho roubado de Gershwin:
quem procura acha, eu não nego...
mas o amor não era cego?

16. O casamento não é uma prisão perpétua.
Dá pra sair antes,
por mau comportamento.

" Luís Giffoni

Baependi. Tem 21 livros publicados, dentre eles *O Fascínio do Nada*, *O Pastor das Sombras*, *Dom Frei Manoel da Cruz*, *O Reino dos Puxões de Orelha*, *China — O Despertar do Dragão*, *Retalhos do Mundo*, *Infinito em Pó*, *O Poeta e o Quasar*, *Riscos da Eternidade*, *Os Chinelos de Raposa Polar*, *A Verdade tem Olhos Verdes*, *Adágio para o Silêncio*, *A Árvore dos Ossos*, *Tinta de Sangue*, *Os Pássaros são Eternos*, *O Ovo de Ádax* e *A Jaula Inquieta*. Recebeu várias premiações, como da Associação Paulista de Críticos de Arte/APCA, Bienal Nestlé, Prêmio Minas de Cultura — Prêmio Henriqueta Lisboa, Prêmio Nacional de Romance e Prêmio Nacional de Contos Cidade de Belo Horizonte e Prêmio Jabuti de Romance. Suas obras ganharam estudos, traduções e adaptações nos Estados Unidos, Inglaterra, México, Argentina, Portugal, Alemanha e Brasil. "

Triunfo

Sempre soube, é verdade. Faltou coragem para aceitar. A tragédia desabou numa noite chuvosa, quando, deprimida, disposta a morrer, finalmente encarei meu reflexo numa poça d'água: sou mesmo uma barata. Existe algo mais terrível que consagrar a vida à mentira? Eu, que sonhava com a carreira de escritora, não passo de um inseto desprezível. Em vez de academia, esgoto; em vez de aplauso, pisada; em vez de holofote, inseticida; em vez de fama, o destino anônimo de ortópteros, blatídeos e poedores de ootecas.

Cresci no interior de livros que devorei com prazer. Duplo prazer, aliás: para o corpo e para o espírito. As páginas me deliciaram. Ganhei até uma barriguinha. Adorava romances e contos. Em meio a tanta ficção, acabei criando a maior delas: eu mesma.

Absorvi muito do que se escreveu, sobretudo de páginas antigas, as mais saborosas. Só quem se alimentou com a edição original sabe o verdadeiro gosto de Hamlet. Comi a Primeira Cena do Terceiro Ato durante um mês inteiro, letra por letra: ser ou não ser, morrer, dormir, dormir, talvez sonhar, sofrer as dores do infortúnio, as chicotadas do tempo... Fiquei íntima dos autores, forjei passado, presente e futuro em cima dos personagens mais encantadores. Houve uma época em que me imaginei Emma Bovary, talvez por isso também tenha herdado tanta desventura. Por que não me prendi a Beatriz, heroína de minha adolescência tresloucada? Abandonei-a por causa da feiúra de Dante. Não suportava aquele nariz. Ah, a ilusão... Há mágicos convencidos de que tiram mesmo coelhos da cartola. Pior para eles.

Em nome do engano, esconjurei minha forma. Diante de espelhos, neguei o óbvio e fingi de cega. Ao andar, evitava olhar as asas ou as patas. Por orgulho da falsa identidade, pus de lado um privilégio inato: nunca voei. Tampouco amei.

Se um barato me cortejasse, desmaiaria de nojo. Preferia romancistas. Sim, romancistas, homens capazes de ir até o fundo em suas buscas.

Uma noite, sonhei que dormia nos braços de Hemingway e lhe afagava a barba grisalha, linda de doer. Nem me importei com o fedor de rum. Se ele me aceitasse, eu não o teria deixado se matar. Teria invadido o cano da espingarda, roído os cartuchos, comido a pólvora e derramado o chumbo. Nossos destinos não quiseram assim. Talvez a cartucheira tivesse mesmo sido a melhor solução. Agora é tarde.

De engano em engano, jamais honrei os blatídeos, meu parentesco com nulidades que rastejam ante os humanos. Apeguei-me a minha outra família, infinitamente mais nobre, a da reflexão. Como, dentre todas as espécies, apenas o *Homo sapiens* pensa, cultivei a lógica da esperança: eu era! Se ainda não era, um dia seria.

Assumi a condição de mulher. Barata, para começar, é substantivo feminino. Além disso, mais sensíveis, as mulheres percebem melhor as histórias. Enfurnei-me dentro de um número cada vez maior de livros, à força adquiri os cacoetes e o charme das senhoras. Cheguei a usar batom, imagine! O empenho foi inútil. Quando menos esperava, a pergunta ressurgia: barata ou gente? Para fugir à realidade, adotava a falsa cegueira. Em contraponto, desafiava meus sentidos: que barata lê e pensa?

Para tirar a teima, submeti-me ao supremo teste, uma descarga de inseticida. Neste momento em que perco a lucidez, as asas se abrem pela última vez, as antenas giram a esmo e, viradas para cima, minhas pernas se contraem e esticam, sei quem sou. Sempre soube. Sou a outra, simples ortóptera, blatídea, poedora de ooteca. Como consolo, como derradeiro orgulho, ocorre-me que, barata ou gente, os mortos são todos iguais. A vida é que nos faz diferentes.

Malluh Praxedes

Pará de Minas. Jornalista, publicitária, produtora cultural. Iniciou a carreira como escritora em 1980, com o lançamento de *Nascência*. Publicou 14 títulos, dentre eles *A Menstruação da Ascensorista*, *Suspiração*, *Beijos de Acender o Dia*, *Qualquer Mulher tem um Diário Qualquer* e *Aquele Olhar Fora do Corpo*. Como produtora cultural idealizou, coordenou e produziu o *Prêmio BDMG-Instrumental*, *Jovem Instrumentista BDMG* e *Viva a Praça*, de 2001 a 2009. Ao lado do músico Renato Motha vem assinando letras de canções dos CDs *Planos* (Renato Motha e Patrícia Lobato) e *Suspirações* (Patrícia Lobato). Participou do projeto *Sempre um Papo Minas* e dos livros *Mulheres em Letras* (UFMG), do *Dicionário Bibliográfico de Escritores Mineiros* (Autêntica), *Escritoras Mineiras, poesia, ficção, memória*, organizado pela Faculdade de Letras da UFMG, e *Pará de Minas, meu amor — 150 anos e história e estórias*. Escreve colunas para o *Jornal Diário de Pará de Minas* e para o site *Vitrine Literária — Coisas da Malluh*, desde 2005.

Os gêmeos

Nossa única diferença é que eu era uma mulher e meu irmão um homem. Mas, ainda crianças, jamais sentimos que isso iria mudar nossas vidas. Meu irmão foi quem primeiro descobriu as delícias de se montar em um cavalo e cavalgar mundo afora. Ríamos tanto que certa feita nem notamos um mundo de marimbondos invadindo nosso pequeno mundo — fomos picados até dentro das orelhas. Nem assim deixamos de subir num cavalo e descobrir as belezas de uma vida vista lá de cima.

Foi assim na nossa infância inteira. Depois, já na adolescência começamos a perceber que não seríamos mais um só. Tudo porque eu menstruei. Chamei meu irmão no banheiro e mostrei pra ele aquele mundo de sangue que jorrava entre minhas coxas e ele assustado começou a chorar chamando meu pai que, envergonhado, falou que se mamãe fosse viva me ajudaria a resolver esse problema que me acompanharia por toda a vida.

Foi com uma toalha de rosto que estanquei o sangue naquele instante. Piquei a toalha em pedaços e ia me trocando na medida em que sentia aquele desconforto invadindo meu corpo. E doía a alma, a cabeça pesava tanto que só um travesseiro para ampará-la confortavelmente. Passei a ter dias na escuridão, para tristeza de meu irmão gêmeo. E foi ali que começamos a nos separar: eu já não cavalgava como antes, principalmente quando os dias de sangue chegavam.

Com o tempo fui me adaptando e me ajeitando melhor, mesmo sem uma mulher por perto para me ajudar. Meu irmão foi se afastando de mim, como se eu tivesse agora adquirido uma doença maligna. Já estávamos com quinze anos quando ele se apaixonou pela nossa vizinha do outro lado do rio. Para mim foi o princípio do fim. Nossas manhãs já não eram mais ao vento, já não mergulhávamos nas cachoeiras que ficavam ali nas proximidades de nosso imenso mundo.

A moça era linda, tinha um jeito tão diferente de tudo a que havia me acostumado — era loura, olhos verdes e um corpo miúdo, pernas finas e longas e uma voz forte, a menina parecia ser de um outro mundo que não aquele nosso. E logo o meu gêmeo começou a se esconder com ela por entre a mata, a fumar escondido, a deliciar seu corpo junto ao dela e eu ali avistando tudo de longe.

Desde então passei a querer ser loura e miúda como ela. Eu queria que o mundo percebesse que eu estava ficando cada vez mais triste e arredia. Eu não podia dividir a vida daquela maneira absurda. Pintei meus cabelos e parei de comer. Adoeci e fiquei duas semanas inteiras sem sair da cama e ninguém se importou comigo. Só recebi a visita da vizinha loura miúda. Foi aí que decidi sair da cama.

O tempo passou e meu irmão se casou com ela. Tiveram três belos filhos e não passou muito tempo ele se foi: causa mortis — aneurisma cerebral. A vizinha viúva passou a dividir suas dores comigo e como por encanto passamos a dividir a cama, a alegria, o amor e eu passei a ocupar o lugar de meu irmão gêmeo na vida dela e das crianças. E eu voltei a sorrir e a me sentir livre e leve. E vivemos assim felizes para sempre.

A menstruação da ascensorista

Uma vez por mês ela carregava uma sacola anexa à sua bolsa de napa preta. Sacola de plástico do Carrefour com a inconfundível embalagem de Modess ou SempreLivre. Dia incômodo: cólica, enxaqueca e cabelo ressecado. As pernas doendo um pouco, as costas querendo encosto e a cabeça pedindo: "Calma, Jorge!"... Jorge, que não percebia nunca a transformação de Anete. E isso a deixava insegura, infeliz, inútil. Inútil, sim. Porque Jorge, quando ouvia "compreenda, é só uma vez por mês, meu amor!", já ficava impaciente, inquieto, emburrado. Jorge ficava tão frio que ela passava o dia subindo e descendo o elevador sem se dar conta que a menstruação poderia lhe causar "surpresas". Anete só pensava no Jorge. E só sabia que odiava menstruar e que, se Deus fosse mulher, a coisa seria bem diferente: "Eu não seria Anete. Com certeza, eu me chamaria Jorge!".

A mãe e a filha

Minha mãe é um saco. Me vigia o tempo todo. Não sou criança, pô! Dezoito anos. Posso até casar, se quiser... Ela sabe que não é isso que quero agora. Mas vive me sondando. Outro dia, véspera de feriado, eu fechando a mala, vem mamãe com duas caixas de camisinhas. Não, mãe, não precisa! Ela ficou aliviada, como se por causa disso eu não fosse ficar com o Leo. Mãe é assim mesmo: pergunta, mas não quer saber a verdade. Me viu chorando e insinuou uma gravidez. Só faltava esta! Contar o que a ela? Ela, que anda se escondendo da própria vida! Que não quer ver o seu casamento se dissolvendo!... Que não consegue conviver com a própria mãe! Eu, grávida? Agora, não, mãe. Chorei, sim. Tive que chorar. Tirar um filho é muito duro, mãe, pra todas nós. E essa dor, mãe, eu não quero te passar.

Minha filha anda misteriosa demais. Receio que esteja grávida. Já falei pro Marcelo, ele quer que eu converse com ela. Eu vou, ela sai. Encontrei-a chorando pelos corredores e não dormi à noite. Não tenha filho agora, filha. Eu sou mãe, eu sei. A gente sabe, mas a gente não é mais jovem, não tem crédito... Ela não me ouve. Ela e o Leo pra lá e pra cá, aos cochichos, aos beijinhos e eu sem ar... Eu queria mesmo é dizer a ela que eu não tive o meu primeiro filho. Que seu pai nem percebeu que eu fiquei mais triste. Mas pra ele, filha, pra ele essa dor não existe. Nunca arrancaram dele, das entranhas, um ser pronto pra vida. E essa dor, filha, eu não quero te ver passar.

Neusa Sorrenti

Itaguara. Bacharel em Letras e em Ciência da Informação pela UFMG, pós-graduada em Literatura Infantil e Juvenil e mestra em Literaturas de Língua Portuguesa pela PUC Minas. Autora de 20 títulos de literatura infantil e juvenil, entre eles *Chorinho de riacho e outros poemas para cantar* (Formato), *O encantador de pirilampos* (Compor), premiado pela Fundação Nacional do Livro Infantil e Juvenil (FNLIJ), em 1998 e selecionado para o catálogo da Feira de Bolonha, em 2000; *Marcado para bater* (Lê); *O menino Leo e o poeta Noel* (Dimensão) e *Pintando poesia: poemas inspirados em telas de Heleno Sorrenti* (Autêntica), também selecionado para o catálogo de Bolonha, em 2009. Autora do livro teórico *A poesia vai à escola* (Autêntica) e de suplementos de leitura dos livros infantis da Formato/Saraiva. Tem artigos publicados em periódicos especializados como a Revista *Releitura* (Biblioteca Pública Infantil e Juvenil/PBH), *Presença Pedagógica* (Dimensão) e *Cadernos do Professor* (SEE/MG).

Contos diminutos

DUBLÊ

Gostava de rir alto, cantar, falar coisas divertidas e loucas e todos a invejavam pelo brilho de suas velas ao vento, ruflando feliz até nas tempestades.

Mas ninguém sabia que, nas horas mortas, ela naufragava em lágrimas.

Um dia em que as estrelas cochichavam mais do que de costume e a lua ironizava a pressa dos cometas, apregoando a busca da felicidade, ela resolveu fazer o mesmo. Pois sim.

Era setembro e as azaleias, mais uma vez, escancaravam suas cores diante de melancólicos transeuntes.

Então, ela contratou para sempre uma dublê para carpir suas dores.

E saiu assobiando uma velha e regateira marchinha de carnaval, despindo-se para sempre de sua incômoda fantasia de náufraga.

A PÉROLA

O coração da mulher – tinha-o no peito como um berloque de porcelana que a qualquer impacto retinia e ameaçava quebrar-se.

Ela resolveu, então, trocá-lo por um de pérola, que fazia menos barulho e parecia ter mais nobreza e solidez. Puro engano.

Num dia chuvoso, em que o pranto ameaçava inundar todo o corpo, e que os soluços, como relâmpagos, riscavam o peito, a pérola rolou e se aninhou trêmula na fresta do assoalho.

Seguindo seu percurso, a mulher se enrodilhou, abraçou as pernas com as mãos quase nacaradas e inertes. E com ternura, finda a chuva, encerrou-se para sempre na concha do tempo.

O SOM DO SAX

A moça era bibliotecária, pálida flor atrás dos óculos. Seus olhos míopes apenas se iluminavam para as histórias opacas dos antigos romances.

Num sábado, sob a luz mortiça da tarde, ela pôs um vestido estampado, bem diferente da costumeira blusa branca e da saia azul-marinho, libertou os pés em sandálias douradas, tirou os óculos e foi atrás do som de um saxofone que chorava um arrastado samba-canção.

E a partir desse dia, mesmo enxergando entre as névoas, ela se deu conta de que sua história era muito mais bonita e luzidia do que aquelas que transitavam fatigadas pelas prateleiras das velhas estantes.

DESCOBERTA

Passando perto de uma oficina de consertos de sapatos, ela finalmente descobriu com que se parecia.

Com ele. Um pé de sapato. Só o esquerdo. Esperando pacientemente ser colado, pregado, lustrado.

Abandonado entre restos de sola mofada, cercado de poeira, pregos tortos e pedaços de jornais amontoados, ele jazia embaçado. Um peixe fora d'água sem o velho companheiro, e longe de casa.

O dono se esquecera de buscá-lo. Ou jamais viria. Certamente havia comprado outro par e se encantara com o cheiro e com o brilho que têm as coisas novas.

A ÁRVORE

A moça de tranças e de profundas olheiras tinha um amor muito oculto, e nas noites de lua grande saía do quarto e se dirigia silenciosa ao quintal da casa. Que andava sempre malcuidado e semeado de solidão.

Ela vinha contar para a velha laranjeira que seu amor viera vê-la às escondidas e trazer-lhe de mansinho seu retrato colorido e esperanças azuis.

Um dia, ela gravou duas iniciais bem no tronco da amiga, que olhava pra ferida sem trair nenhum lamento, pois aquele ferimento era feito de amor.

Com o passar do tempo, a árvore se aquietou. Suas flores deixaram de acenar promessas para a moça de tranças, agora grudada na janela da cozinha, absorta, olhando umas nuvens maltrapilhas caminhando descalças na paisagem.

Hoje, o tronco da laranjeira, que ainda sustenta uns poucos galhos cúmplices, mostra apenas uma inicial. A outra sumiu.

Como é boa a velha árvore: sob folhas de ouro velho, banhadas de encantamento, sepultou para sempre o inútil segredo.

Olavo Romano

Morro do Ferro, distrito de Oliveira. Formou-se em Direito. Tem publicados *Casos de Minas* (Paz e Terra, 1982), *Minas e seus casos* (Ática, 1984), *Dedo de prosa* e *Prosa de mineiro* (Lê, 1986), *Os mundos daquele tempo* (Atual, 1988), *Um presente para sempre* (Atual, 1990), *Memórias meio misturadas de um jacaré de bom papo* (Dimensão, 2002) e *Eta mineiro jeito de ser* (Leitura, 2007). O conto *Como a gente negoceia* gerou o curta-metragem *Negócio Fechado*, premiado no Festival de Gramado de 2001. Participou de publicações especiais, como *Belo Horizonte & o Comércio — 100 anos de História* (Fundação João Pinheiro, 1997), *Mestres Minas Ofícios Gerais* (Sebrae, 2000), *Iluminando os caminhos de Minas* (Cemig, 2005), *São Francisco Rio Abaixo* (Conceito, 2006) e *Retratos de Minas* (Conceito, 2007). Participa ativamente de grupos de contadores de história. Com o concertista Roberto Corrêa, apresentou o espetáculo *Causo, Viola e Cachaça* (Sebrae/Ampac). Tem parcerias com diversos músicos mineiros. Na Academia Mineira de Letras ocupa a cadeira 37. É Secretário-geral da Federação das Academias de Letras e Cultura de Minas Gerais (Falemg).

Minas na veia

JEITO MINEIRO

Mineiro, quando sonha, vê o mar;
acordado, esbarra na montanha,
ondas se perdendo no horizonte.
Absorto em abismos profundos,
matuta mistérios do mundo:
morro atrás de morro,
vista querendo alcançar
longes distâncias azuis,
a alma da matéria
no oco das coisas.

COM FÉ SE FESTEJA A VIDA

No recomeço do mundo,
clarear de um novo tempo,
anjos morenos,
nascidos no meio do povo,
exibem plumas e nuvens,
lembrança de onde vieram
e pra onde, em dias de muita luz,
têm vontade de voltar.

A ALMA DOS TAMBORES

A alma dos tambores,
aprisionada no silêncio das esperas,
liberta-se ao toque de mestria
dos que sabem segredos e mistérios.
Animadas por ancestral magia,
praças e ladeiras da velha Vila Rica
fremem ao repique dos chocalhos,
retumbam cantigas e lamentos.

CAVALHADA

Rumor de cascos, relinchos, tinir de lanças
e espadas, mouros e cristãos,
em fero porfiar, tudo repousa
no passado mais remoto.
A mineira cavalhada é uma festa
de cores, estandartes, bandeirolas,
mantas e arreios, estribos
reluzentes e donzelas
sequestradas sem pudor.
O povo aplaude e aprecia,
pois esta pura alegria
tempera e abençoa
o ramerrame teimoso
que muitas vezes impera
no coração das pessoas.

PROCISSÃO

Contritas mãos levam a tocha,
luz da fé que anima e alumia
veredas da alma, recantos do coração.

CAPELINHA

Das altas catas que havia,
de tanta gente que vinha
de longe para o garimpo,
sobrou a serra pelada
sob este céu altaneiro.
A igrejinha e a cruz,
canto de paz e de luz,
falam de antigas histórias
guardam perdidas memórias
para algum aventureiro
que acaso chegue ao lugar.

CABOCLOS

Esses alegres caboclos,
ataviados de plumas,
fitas, miçangas, coroas, com ares
tão majestosos, dançam e cantam
seus ritos no chão de ouro e brilhante
que fez o nome de Minas.

FOLIA DE REIS

O povo sai à rua, que é lugar de festa boa.
O Menino Deus recebe sua oração, sua loa.
Os três reis do Oriente chegam trazendo presentes.
É isso que se celebra do jeito mais leve e puro —
cantar com voz em requinta é muito bom e seguro:
o amor impere sempre no coração dessa gente.

PRECE

A montanha é terra em transe
tentando alcançar o céu.
Assim é a prece dos crentes
buscando chegar a Deus.

A VIDA E A LIDA

Pela estrada patrolada, apetrechada e propícia,
segue o carrinho de bois atopetado e gemente.
O candeeiro-mancebo, só por zelo e cortesia,
repara nos bois de carro, mansos, fortes, ensinados,
que até de olhos fechados levariam ao destino
a doce carga de cana, que vai virar rapadura,
açúcar do mais moreno ou pinga daquelas boas.

A fiandeira de sorriso bom
sabe que a vida se tece a cada dia;

como lento e aplicado fuso
transforma cada um no que há de ser
— ou, sem saber, já é.

ENIGMA

Você acha que o galo faz o dia amanhecer?
Isso é papeata pura, invencionice à toa,
maneira de o sol ficar contente
e clarear o mundo bem clareadinho.

VELHO CHICO

O Velho Chico é um mar de dança, casos
e cores, um cenário de visagens,
variadas paisagens, memória de esplendores.

As águas da nascente são berçário
pedindo proteção e harmonia
de coração em paz, de sítios e fazendas
tirando leite, fazendo queijo, tocando a lida,
quentando fogo, vivendo a vida.

Em Pirapora, o peixe salta, o rio chora,
a cachoeira para e o barco zarpa.
Mas espera ainda um pôr de Sol além da ponte,
dourada despedida e matinal adeus
com missa, banda, cantoria.
Então, um vento impetuoso varre o cais,
e a nave, em baleia transformada,
abre seu ventre aos passageiros da transmutação.
A carranca, velha e sábia em águas e mistérios,
vigia rio e vida com sorriso de malícias e magias.
As moças de São Gonçalo,
vestidas de luz e cor,
dançam, cantando à espera
de que lhes chegue o amor.

Na Lapa de Bom Jesus,
o dia brota no rio dourado ao sol da manhã,
trazendo gente de longe,
promessas, rezas e prendas,
esperanças, oferendas.

No altar da casa singela,
os santos guardam a vida.
As meizinhas e poções
preparadas com esmero
também dão sua mãozinha,
pois em horas de aperto,
grande susto ou temor
que a alma inteira abarca,
mais vale o pau da barca
que a receita do doutor.

Lentos dedos de aranha, em operosa paciência,
a mulher que tece a vida
enleia o fuso do tempo
em fina teia de renda.

Lá atrás a ponte é caminho
do mundo de susto e pressa.
Aqui o homem tranquilo
a sua rede arremessa
com a companheira ao lado
e a canoa sob os pés.
O céu é teto e abrigo.
O rio, este velho amigo,
mesmo na dor e na sede,
não lhe nega o seu quinhão
de peixe, esperança e paz.

Ronald Claver

Belo Horizonte. Escritor, poeta crônico, dependente das poesias e das manhãs, atento às pessoas e suas manhas. Tem trinta e tantos livros publicados. *Dona Palavra* e *A última Sessão de Cinema* (Prêmio Bienal Nestlé de Literatura, em 1986) são apenas dois apanhados a esmo. Não privilegia temas. Seu talento coleciona prêmios e entusiástica admiração. Também ganhou o Prêmio Cidade de Belo Horizonte com *Senhora do Mundo*. Já trabalhou em teatro, cinema e com audiovisuais. Faz a intervenção *A noite da poesia e da cachaça* que acontece nas noites, esquinas e bares das Minas Gerais. Tem um CD com o compositor paraibano Paulo Ró, *O Jardim dos Animais*. É também professor de Língua Portuguesa e Literatura Brasileira. Publicou cinco livros de produção de texto: *Escrever sem doer* (UFMG), *Escrever com prazer* (Dimensão), *Escrever e brincar* e *A arte de escrever com arte* (Autêntica), e *Uma pitada de poesia em cada dedo de prosa* (RHJ). Organizador das coletâneas de histórias *A bola que rola* (Editora RHJ) e *69/2 Contos Eróticos* (Leitura). *O Conto Interrompido* faz parte da coletânea do *The Best Erotic 2008* (Mondadori/Itália).

Uma rua chamada Bahia

Depois de caminhar pelas rugas da cidade grande, ele sentou-se na mesa antiga daquele bar também antigo.

A rua era a mesma, ele não.

Havia rugas em seu rosto ainda jovem e seus cabelos já apresentavam os sinais do tempo.

Abriu um caderno também antigo e começou a rabiscar palavras absurdas, plenas de lonjuras e abismos. Gostava do ofício de desenhar e escrever palavras cotidianas e diáfanas.

O garçom não esperou o pedido. Trouxe o chope com colarinho. O de sempre. As pessoas não mudam. Os hábitos fazem as pessoas. As rugas mudam o rosto, mas ruas continuam quase iguais. Os garçons sabem disso.

O chope desceu macio em sua garganta áspera. O chope era um remanso na tarde árida.

Prédios, asfalto e carros formam um deserto moderno. Deserto é quando habitamos o ninguém.

O chope acompanhava sua solidão, mas o chope tinha o poder de convocar fantasmas e pessoas que se perderam nos modernos desertos.

Ele ali naquele bar da rua da Bahia, era o retrato do passado. A mesa vazia convidava-o à reflexão e à lembrança.

Foi naquela mesa que soube do Paulo Preto da iminência do golpe militar que o jogou na clandestinidade e deserto.

Foi naquela mesa que soube da morte estúpida de Tereza, quando recebeu um telefonema anônimo. Alguém morrera vítima de uma bala perdida em uma rua do Rio de Janeiro. A vítima tinha o telefone dele. Tereza há muito havia assumido a militância na luta armada. Não teve reação nenhuma. Ao contrário, pediu uma pinga e começou a rir e convidar o Almeida, dono do bar, para um trago. O garçom achou graça na atitude dele. Achou que ele recebera uma herança por telefone. Nada disso. Acabara de receber um tiro por telefone, o que é muito diferente.

Ah, aonde foi Tereza, com seus seios que lembravam pequenas luas claras? Tereza que gostava de praticar pequenos delitos sexuais em horas e lugares extravagantes. Tereza que ficou nua quando a lua ficou cheia no alto da Mantiqueira. Tereza que sabia a goiaba vermelha e quentura de vinho tinto italiano. Tereza que não existe mais. Tereza que não ficou no retrato e hoje é uma pálida paisagem em sua memória e na mesa do bar.

Foi naquela mesa que encontrou os olhos felinos e ferinos de Manuelina. Aqueles olhos que o deixaram cego. E ali aconteceu o primeiro beijo e o primeiro terremoto. Aquela mesa guardava a história de suas raízes e cicatrizes.

Pediu outro chope para afastar os fantasmas do passado. Colocou os óculos de grau para ver melhor as pessoas que passavam rua abaixo, rua acima numa monótona procissão.

Era divertido ver o mendigo que abordava as pessoas fingindo ser mudo. Eram gestos e mais gestos e sempre conseguia algumas moedas para a cachaça mais próxima.

Um moço de olhar feroz e raivoso entrou sorrateiro no bar. Pediu uma pinga. O balcão estava vazio. Bebeu-a de uma vez. A infelicidade mora nos gestos e na face indigesta, pensou. Não quis prestar atenção no moço que o encarava. As lembranças do passado recente eram mais fortes, doloridas e delicadas. Ao sair, o rapaz ainda lançou-lhe um olhar de Judas. Gostou da comparação. Será que Judas, na Santa Ceia, deixou em Jesus um olhar de soslaio e falso? Ah, melhor gostar de Manuelina e se exilar em Tereza.

Olhou a tarde que diminuía na Serra do Curral. Abriu o jornal. Estarrecido leu: "Carro capota. Jovens morrem após bebedeira em boate". Pagou a conta, deixou o carro no estacionamento, e saiu caminhando as rugas da cidade.

Na esquina, esbarrou em um moço de olhar feroz. Pediu desculpas, o moço rosnou. Continuou andando a rua, quando uma viatura da polícia estacionou no meio do quarteirão. O moço bronco estava entre os policiais. Rosnou de novo:

é aquele ali, apontou para ele. Continuou subindo a rua da Bahia. Ei, disse o homem de boné e revólver à mostra. Ele fingiu que não ouviu e continuou Bahia acima. Outros homens armados o cercaram. Pare, disseram. Não havia como não parar. Documentos, o homem de boné resmungou. Aqui, disse o homem que bebia saudades e rumores no bar. O homem de boné olhou para os documentos do homem do bar, passou os documentos para o moço de olhar feroz. Este deu uma olhada nos papéis e os jogou no bueiro. O homem do bar agachou-se para pegar seus documentos. Caiu com a primeira coronhada na cabeça. Depois veio a segunda, a terceira. Acordou com uma dor de cabeça de matar entre ratos e urubus no lixão da favela do Acaba Mundo. Em suas mãos, um pacote de palha de aço. E um papel escrito num português nada casto: subservivo bão e subservivo morto. Tentou levantar, além da cabeça, as pernas também doíam. Não deu três passos. Caiu, a cabeça bateu em uma pedra e ali ficou. Sonhou com Tereza, ela estava viva, de maiô verde, confundia-se com as águas de Copacabana, mas era Manuelina que o beijava com sua boca de fogo. Perdeu o fôlego. A sede o consumia aos poucos. Viu um urubu se aproximar, viu ratos correndo em disparadas e lá longe onde o sol da tardinha se encontra com a noite, viu um menino louro vindo do nada e caminhando lentamente em sua direção. Fechou os olhos, a cabeça estava prestes a estourar, o menino deu-lhe as mãos e partiram para uma guerrilha além do dorso da montanha, além das curvas do mar, para o país de nuvens e sonhos.

Ronaldo Guimarães

Belo Horizonte. Formado em Educação Física (UFMG) e em Pedagogia (UNI-BH), com especialização em Psicopedagogia. Professor aposentado do Colégio Estadual Central e efetivo na Escola Municipal Presidente João Pessoa. Atuou por mais de 15 anos como diretor de escola da Rede Municipal de Ensino de Belo Horizonte. Autor do livro de contos *Retratos do Tempo* (Dimensão), escreveu o romance *Pretérito quase perfeito* (RHJ), o livro de crônicas *Parque Municipal* (Conceito) e o romance infantojuvenil *Niemeyer no futuro* (Revan/RHJ). Participou de várias coletâneas de contos.

Parkinson

Meu nome é Dr. Augusto Frota. Tenho oitenta e um anos, viúvo de dona Constância, três filhos bem colocados, seis netos ausentes, uma enfermeira presente, quatro livros publicados, um poema inacabado, terços bem rezados, uma memória brilhante e um mal constante: Parkinson.

Já tive muita saudade da Constância, hoje, não. Aliás, meu Deus, como adoro falar aliás... Quando eu era o melhor advogado dessa cidade, na hora que eu falava o aliás, todos prestavam a maior atenção, pois sabiam que vinha chumbo grosso. Onde que eu estava mesmo? Ah, sim, na Constância. Deixemos claro que eu tenho é mal de Parkinson, não Alzheimer. Minha memória é esplêndida.

Meu pensamento voa, queria falar da Constância, agora não quero mais. Quero falar do idiota do meu cunhado a quem, aliás, olha aí o aliás de novo, dei, de mão beijada, a melhor banca de advocacia desta cidade.

Levei o cretino nas costas, durante anos e, hoje, ele faz piadinhas com minha doença. Será que esse imbecil não sabe que escuto, vejo e entendo tudo?

Outro dia o desgraçado contou até uma piada bem engraçadinha: "Mal por mal, prefiro Alzheimer, pois a gente esquece de pagar a cerveja. Duro é Parkinson que a gente treme as mãos e derrama a bebida toda na mesa". Engraçadinha pras negas dele. Ele deve ter achado nesta tal de Internet. Todo mundo se borrou de rir.

Só eu fiquei com essa minha boca entreaberta, o olhar distante e as mãos mais trêmulas ainda. Fiquei danado da vida. Falei alto — de vez em quando eu falo alto — "Ô seu velho de merda, para de tremer essa mão cheia de veia, para de ficar com esse olhar para o além, fecha essa boca ou abra de uma vez por todas e grita. Grita, porra!"

Gritei e ninguém ouviu.

Ninguém ouve, ninguém vê. Fico na varanda da casa, feito um grande jarro sem flor. Incomunicável. Mudo e sem sentimento. Eles não sabem de nada, ninguém liga pra mim. Minha família só tem advogados, economistas e contadores. Contrataram a mais linda enfermeira, a Eliana, e lavaram as mãos. Lavaram, bem lavado, com sabonete de Poços de Caldas. Eles não sabem que não sou nenhum jarro sem flor.

Sei de tudo, sinto tudo. Eles poderiam muito bem perguntar para os especialistas quais os sintomas e os sentimentos dos portadores de minha doença.

Qual o quê. Perguntar pra quê? Vai dar muito trabalho. Melhor é contratar uma enfermeira gostosa e bobona que tenha um nariz adunco ou arrebitado, tanto faz, mas que faça de conta que não tem nojo de cheiro de bosta de velho decrépito.

Peguei pesado? Nada. Pegar pesado é estar completamente apaixonado pela enfermeira, tentar dizer e não conseguir, achar que foi uma bênção ter uma doença esquisita e poder tê-la ao meu lado, ficar louco para, com mãos firmes e sensatas, borrifar um perfume doce de alfazema no meu peito e com as mesmas mãos firmes acariciar seus peitos.

Só que não posso. Para de tremer, seu velho! Tá com doença de São Guido?

Parei de tremer. Toda vez que vejo a minha enfermeirinha chegar — e ela está chegando — paro de tremer as mãos, mas, em compensação, o coração dispara. Ela pegou em minhas mãos e me olhou com carinho. Será que ela também me ama?

Sou até feliz. Nunca tive uma mulher como a minha enfermeira. Minha mulher — a Constância — que de constância não tinha nada, deveria se chamar inconstância, tirei da zona. Dei muito prazer pra ela, exatamente por não lhe dar prazer. Como era ejaculador precoce e ela, mulher-dama, cronometrista de gozo alheio, achava o máximo ter um velocista ao seu lado.

Nem sei por que a tirei da zona. Talvez ela tenha se apaixonado pela minha ligeireza. Ela gostava de mocinho — e eu era mocinho — e rápido no gatilho. Juntamos a fome com a vontade de comer. Casal perfeito. Ela me deu três filhos e eu lhe dei um sobrenome. Quites.

Coitada da Constância, apesar de ter me dado três filhos bem colocados e seis netos, a pecha de puta não a deixava em paz. Ela não prestava. Prestava, sim. Tinha uma qualidade que encantava meu pai. Descascava laranja, sem feri-la, fazendo um caracol harmonioso com a casca. A danada tinha mãos leves. E a fala mansa. Meu pai gostava de mansidão de noras.

Quando a tirei da zona e quis apresentá-la à minha família, fiquei meio cabreiro que meus pais desconfiassem do tipo esquisito. Sei lá, Constância tinha o andar balanceado e sensual das rameiras que deixavam os homens enlouquecidos. Falei com ela da minha preocupação. Ela, despreocupada: "deixe comigo, seu pai jamais saberá que você me tirou da zona. Vou andar como uma dama. Melhor, vou andar como uma aleijada. Vou puxar de uma perna". Como "Deus não escuta puta", nem liguei para o comentário e deixei pra lá.

Foi apresentada à família, puxando de uma perna. O tiro saiu pela culatra. Meu pai reclamou: "Vais casar com uma aleijadinha?" Constância nem notou o comentário e gostou de sua nova personalidade. Incorporou o novo cacoete para o resto da vida. Virou aleijada sem nunca ter sido.

Vamos parar de falar do passado, a minha enfermeirinha pode ficar enciumada. Ela está chegando e tenho certeza que ela lê pensamentos. Vou fazer o meu melhor ângulo. Vira esse pescoço, velho!

Esse negócio de só pecar por pensamento até que é legal. Os atos incriminam a gente. Essa minha família idiota nem imagina como sou um pecador voraz. A enfermeira se despediu, cordialmente, de todos. Lascou um beijo molhado perto da minha boca. Sem querer, rocei em seu carmim. Carmim ou batom? Tentei retirar minha língua de dentro da boca e deslizá-la em seu batom cheiroso. Não consegui. Não importa, o importante foi o tato e o olfato, ou a sensação dele. O olfato já me abandonou há um bom tempo. Sinto saudade de cheiros de mulher nova. Constância era inodora, perdeu o viço e as glândulas. Gosto de cheiro forte de mortadela, de mexerica e de jaca. Hoje, minhas ventas já não valem de nada. Presumo que meu amor, pela delicadeza, tem cheiro bom de amora, carambola ou morango. Cheiro de fruta apanhada no pé.

Lá se foi outro sábado.

Hoje é domingo. O dia mais infeliz da minha vida. Dia de folga da minha enfermeira. Odeio domingos. Dia de confraternizações, bebedeiras e esquecimentos. Esqueceram de mim num domingo chuvoso, num final de uma varanda mal cuidada. A varanda que cuidei tanto, hoje tem goteiras e goteja nos meus cabelos ralos. Ninguém repara, estão muito ocupados com as trocas de confidências, receitas e olhares. Sei não, mas vislumbro traições nessa minha família. Esse plic, plic, plic na minha cabeça me irrita.

Acho que hoje sou o mais infeliz dos homens. Não consigo ter saudade da Constância, morro de ciúme da minha enfermeira que, nessa hora, só Deus sabe o que está fazendo. Domingo à tarde, deve estar passeando de mãos dadas num parque de diversão qualquer, comendo algodão doce colorido, maçã do amor fincado naquele espeto e gargalhando numa roda gigante. Será que ela pensou em mim?

Pensando bem, ainda bem que hoje é um domingo chuvoso. Se o gotejar de pingos de chuva está me incomodando, pelo menos a minha enfermeira deve estar em casa, debaixo de cobertores, vendo filmes e pensando em mim.

A goteira continua a bater na minha calva, escorregando pela testa franzida, passando pelos olhos, encontrando-se com as lágrimas, descendo por um vinco forte e definido perto do nariz e pousando na minha boca ressequida.

Lágrima doce de chuva e de vida. Matou minha sede.

Anseio por uma segunda-feira feia e seca.

A segunda-feira seca ainda não veio e minha família ainda não se deu conta que continuo encharcado de água, de amor e de ódio. Mais de ódio e amor do que de água. Tem coisa mais degradante do que ficar debaixo de uma goteira e não poder se proteger, arredar um pouquinho para o lado ou abrir um guarda-chuva? Optar, querer, fazer?

Enfim, deram-se conta de que eu existo. Ficaram consternados. Teve até um filho — o do meio — que chorou com minha inundação e perdição.

Me deram um banho quente e estabanado. Filhos, noras, cunhados e irmãos, bêbados de remorso, me esfregaram tanto que quase tiraram meu verniz de poeta. Não conseguiram.

Acho que fui tão convincente com meu olhar, que eles não me vestiram com outro pijama de bolinhas. Estou trajando uma calça esporte, camisa listrada e sapato de camurça.

Segunda-feira é o dia mais feliz da minha vida. Segunda-feira, de manhã. Chegou minha enfermeira. Seu sorriso iluminou minha sala mofada.

Ela pegou em minhas mãos e disse: "e aí, meu anjo, tudo bem?" Achei que suas mãos estavam tristes. A gente conhece enfermeiras pelas mãos.

Mais uma vez, não consegui fazer o meu melhor ângulo, mas não importa. Meus olhos estão límpidos e brilhantes com tanta água da chuva. Acho até que foi bom me ensopar. Comunico-me pelos olhos. Em compensação, os olhos do meu amor estão tristes e cheios de água salgada. O passeio pelo parque não deve ter terminado bem. Fica assim não, meu amor, esqueça esse rapaz, ele não te merece.

Fitei-a intensamente. Interessante esse negócio de se comunicar pelos olhos. Para quem queria ser chofer de táxi na juventude, só pra poder prosear o dia inteiro com as pessoas, acho que estou me saindo muito bem nessa minha nova fase. Sinto que derramo charme pelos poros.

E não é que tenho razão? Olha ela vindo de mansinho para o meu lado. Segurou as minhas mãos com mãos contentes e quentes, suspirou fundo, olhou para o infinito, olhos fixos no horizonte e recostou-se no meu ombro.

Tenho ainda um ombro largo, de nadador de quatrocentos metros borboleta. Sei confortar e proteger uma mulher. E também sou poeta. O poema inacabado vai continuar sem solução. Melhor assim. Havia muitos pingos de chuva na penúltima estrofe. Pingos de chuva me aterrorizam. Vou reescrevê-lo ou pelo menos imaginá-lo. Isto me mantém vivo. Escrever é cortar e reescrever, é ir e vir. Apesar de ser um ser estático e viver nas montanhas, gosto das ondas do mar. Gosto de ir e vir. Gosto de me imaginar passeando com minha enfermeira por todos os parques e bares da minha cidade. Se não tenho mais pernas pra andar e nem chutar uma tampinha de cerveja depois de uma noite na zona, se não tenho mãos para borrifar um perfume de alfazema no peito cabeludo, pelo menos imagino. Adoro pensar. O "penso, logo existo" era apenas uma frase pendurada na parede. Hoje existe. Que me perdoe a Constância. Mesmo sem pernas de bailarino espanhol e sem mãos ágeis, sou mais feliz agora.

Melhor assim.

E o melhor é que minha amada adormeceu nos meus ombros de estivador.

Até que sou feliz.

Ronaldo Simões Coelho

São João del Rei. Médico psiquiatra e escritor. Tem diversos livros publicados, principalmente infantojuvenis, muitos considerados altamente recomendáveis pela FNLIJ, alguns selecionados pela Biblioteca Internacional da Juventude e incorporados ao catálogo *White Raven*, muitos deles representando o Brasil em feiras internacionais, com tradução no México e na Bolívia. Seu livro *Bichos*, de 2010, recebeu o prêmio de melhor livro infantil de 2009 pela FNLIJ, com premiação também pela Fundação Biblioteca Nacional e seleção pelo PNBE, e foi classificado como um dos cinco melhores livros de literatura infantil do Brasil pela *Biblioteca Internacional de Munique*, tendo sido indicado para o *Prêmio Jabuti*. Tem livros publicados pela FTD, Ática, Positivo, RHJ e outras editoras. É conferencista, dá cursos sobre a arte de ouvir e de contar histórias, é tradutor, faz parte do grupo de contadores de histórias *Expresso Minino*, membro da Sociedade Brasileira de Médicos Escritores e sócio-fundador da Sociedade Brasileira de História da Medicina.

Ser e não ser

Sonhei esta noite: estava na avenida principal da cidade grande quando duas pessoas me pescaram com uma rede e a enrolaram em volta de mim. Consegui escapar, não sei como, para ser enlaçado em seguida por outros dois, em outra rede. Me trataram bem, pois fui deitado na rede e levado por eles como num enterro de morte-e-vida-severina. Isso durou menos de uma hora. Fui depositado num barril de madeira, tampado. Me senti, nesse momento, como um dos membros da história de Ali Babá e os 40 ladrões, naquela cena em que estão fingindo serem azeitonas. Ouço um ruído, é alguém batendo do lado de fora do barril. Será morse? Bato pelo meu lado. Os ruídos externos aumentam. Fico pensando em Laennec, que inventou o estetoscópio depois de observar meninos brincando com toques na madeira. Estou agachado, em posição fetal. Serei um futuro enterro de índio? Ou estarei deprimido? O barril é levantado, saculejo dentro dele. Ainda bem que não é o meu caixão. Acordo do meu sonho e me vejo, na realidade, no porta-malas de um carro, a boca amordaçada, as mãos amarradas. As lembranças surgem. Ou o sonho terá começado agora? Não me interessa. Sonho ou não, trata-se de um sequestro. Serei um tecido morto, como se diz em medicina, ou não demorarei a ser um morto?

Devem ter sequestrado a pessoa errada. Não tenho dinheiro, minhas dívidas são impagáveis, não que as tenha, mas no sentido do quanto são engraçadas e hilariantes. Impagáveis como eu próprio o sou.

Só percebo o quanto estou valendo momentos depois. Sou um homem jovem e sadio. Querem, na verdade, meus órgãos. Vão vender-me aos pedaços. Um boi inteiro vale menos que cortado. Cortado, vale menos do que preparado. E assim vai, valendo cada vez mais. É esse o meu caso. Se no boi até o berro vale, quanto não valerei? Decido que não irei valer nada ou, ao contrário, valer muito. Dou uma de herói americano, me macgarveio, estou desamarrado, pego o meu laptop, me envolvo noutra rede. Net. Me ligo na Internet, mando e-mails e busco sites, até que a bateria acaba. Minhas mensagens são simples, *sem SOS, salvem-me, não sou quem pensam, etc.* Objetivo: vender-me. Faço uma lista de preços, me ofereço.

Os meus sequestradores não são interceptados, sou levado a um centro de transplantes, me tiram cabelos, córneas, cristalinos, retinas, cartilagens auriculares, esternais e nasais, dentes, mandíbula, maxilar e, veja-se bem, tudo que existe do pescoço para baixo: pulmões, coração, fígado, baço, pâncreas, vesícula biliar, estômago, esôfago, laringe e faringe, intestinos, rins, bexigas, testículos, pênis, pele, veias, artérias, vasos quilíferos, sangue, tutano, ossos, tudo que um corpo encerra. Cerca de mil e duzentas pessoas receberam pedaços meus, sobrevivendo a insuficiências renais, cegueiras, cirroses, cardiopatias, alopecias, hipertensão pulmonar e tudo o mais que pode acontecer a quem, feliz ou infelizmente, está vivo.

Meu corpo se transformou em cifrão (para quem o vendeu) e em vida (para quem o comprou), assim como em fonte de renda para muita gente. E eu, onde estou?

Acontece que não suporto mais estar tão dividido. Enxergo com o olho em alguém, metabolizo com o fígado em outro, respiro para quem não conheço, meu coração se apaixona e quem se aproveita disso não sou eu inteiro. Acho que poderia continuar com essa lista, este rol do horror, mas não o farei.

Pelo contrário, exigirei meu próprio corpo de volta, meus órgãos, não me interessando pelas tantas pessoas que vivem às minhas custas. Quero o que é meu, apenas aquilo que me pertence, nada mais. E vou conseguir tudo de volta. Quero ser eu, um direito que me foi dado ao nascer e que, ao morrer, só eu poderei decidir se poderá ser modificado. Como não morri, a ética garante meus direitos.

Terei de ser o Golem ao contrário, a cria de Frankenstein de volta às origens. Tenho de voltar a ser eu mesmo. Ou Osíris, recomposto pedaço por pedaço.

Como começar? Por aquele que possui meu coração? Ou pelo que está com meu cérebro? Ou por quem recebeu, sem o saber, meus rins? Nada disso.

Sou mais moderno e não sou assassino. Vou atrás do DNA ou, de um modo mais simples, em busca de um tupinambá, daquele tipo descrito por Hans Staden, um dos maiores mentirosos do mundo, entendendo língua de índio, afirmando que queriam comê-lo, tão antropófagos eram. Parece até com Marco Polo falando chinês ou com o rei dom Sebastião falando árabe antes de desaparecer em Alcácerquibir e vir morar nos Lençóis Maranhenses. São todos mentirosos.

DNA, eis a questão. O ser está aí e Hamlet, coitado, não o poderia saber. Ainda bem, pois, se o soubesse, a literatura, o ser e o não ser, como o avanço da humanidade, teriam perdido tudo. Foi em Hamlet que a história do homem se firmou. Ou se afirmou.

Voltemos, porém, a mim, que me quero inteiro, como sempre fui.

Será que terei de me transformar num novo buscador de órgãos, como o papafigo, na verdade o papa-fígado das alarmantes histórias infantis?

Talvez só a mentira possa resolver a confusão em que me meti. Vamos, pois, a ela. Minha história se parece com aquela sobre fofoca: espalha-se e não há como desmenti-la. A boba comparação: penas de galinha espalhadas, como recolhê-las depois?

Mil e duzentas penas, como juntá-las? Se tudo for um sonho, me basta o acordar. Estarei inteiro. Isso, porém, me incomoda. Gostaria de ter podido ajudar tantas pessoas. Quem sabe poderia, assim, ser comparado a Nelson Mandela e acabar ganhando o Nobel da Paz? Iria dividi-lo com meus pedaços e a distribuição seria como a de pães do evangelho.

Não posso acordar. De meu sonho dependem muitas e muitas vidas. Pessoas que estão, nesse momento, dançando, cantando, comendo, fazendo amor. Se eu acordar, interromperei muitas coisas. Onde a ética, onde o certo? Não acordar, continuar sequestrado, morrer, talvez dormir, quem sabe?

Sérgio Fantini

Belo Horizonte. A partir de 1976, publicou zines e livros de poemas; realizou shows, exposições, recitais e performances. Tem textos publicados nas antologias *Revista Literária da UFMG*, *Novos Contistas Mineiros* (Mercado Aberto), *Contos Jovens* (Brasiliense), *Belo Horizonte, A Cidade Escrita* (ALMG/UFMG), *Temporada de Poesia/Salto de Tigre* (PBH), *Miniantologia da mini-poesia brasileira* (PorOra), *Geração 90, Manuscritos de Computador* (Boitempo), *Os Cem Menores Contos Brasileiros do Século* (Ateliê), *Contos Cruéis* (Geração), *Quartas histórias — Contos baseados em narrativas de Guimarães Rosa* (Garamond), *Cenas da favela — As melhores histórias da periferia brasileira* (Geração/Ediouro), *35 maneiras de chegar a lugar nenhum* (Bertrand Brasil), *Capitu mandou flores — Contos para Machado de Assis nos cem anos de sua morte* (Geração), *Pitanga* (Lisboa, Portugal) e *90-00 — Cuentos brasileños contemporáneos* (Ediciones Copé, Peru). Publicou os livros *Diz Xis*, *Cada Um Cada Um*, *Materiaes* (Dubolso), *Coleta Seletiva* (Ciência do Acidente), *A ponto de explodir*, *Camping Pop* (Yiyi Jambo, Paraguai) e *Silas* (Jovens Escribas). É autor do texto e corroteirista do curta *Terra*, dirigido por Sávio Leite. Dá oficinas de criação literária.

A Rainha do Egito*

> *sou a rainha do egito*
> *sou a filha do faraó*

Às vinte e uma Sheyla se virou pro lado e seus dedos resvalaram o celular no criado-mudo; ela viu por uma greta do olho que eram 21 horas, acordou de todo e pensou "droga, de novo", ou algo perto disso; afastou as cobertas, enxugou o suor da nuca no travesseiro e fez um muxoxo.

Quando, no escuro, o celular marcava 21h19, Sheyla se convenceu de que precisava se levantar. Puxou os pés pra fora da cama, sentou; tateando juntou telefone brincos colar bolsa e a cama rangeu *iiinnnrrrqq*, ou algo perto disso; pisou num treco nojento, era uma — eca! — camisinha. No banheiro refez a maquiagem, notou que ainda estava viva mas não sabia se gostava disso; na sala trocou de roupa, pegou a carteira e deixou a porta aberta.

Ao passar pelo 7º andar, 21h51, atendeu uma ligação e resmungou que "sim, chego já".

Às 22h Sheyla estava entrando no táxi. Olhando pra cima pensou "predinho poeira esse", ou algo perto disso e sem pedir licença acendeu um cigarro, deu o endereço do bar onde mais cedo... "Bom, lá vou eu de novo", ou algo perto disso ela murmurou pro motorista que não ouviu porque olhava a calcinha dela pelo retrovisor, "a senhora disse alguma coisa?", mas só respondeu depois "pode parar ali". Às 22h37 Sheyla sentou perto da porta. O garçom trouxe uísque com muito gelo e soda e cinzeiro

---

* Trilha sonora: Jorge Mautner.

ao que ela agradeceu com um olhar entediado.

Às 23 em ponto um homem sentou à sua frente. "Bebe alguma coisa". Ele pediu uísque sem gelo e Sheyla passou pra vodca, dupla, o que fez o homem pensar "essa é da pesada" ou algo perto disso, e eles conversaram bobagens, os restaurantes da moda o estilista que se matou implantes com silicone industrial o incêndio que há quatro dias na Austrália, "gato, quero te apresentar umas amigas".

A esta altura ele se sentia tão bem com Sheyla, era como se a conhecesse desde sempre, que nem questionou se era seguro sair dali.

sou uma dessas meninas
que namora a lua e o sol

Meia-noite e tanto. Sheyla e o homem que disse se chamar Aderbal com um sorriso no canto dos lábios se sentaram com muitas mulheres e muitos homens. Mulheres bonitas como Sheyla e bem vestidas e de corpos jovens definidos e saudáveis e homens que usavam iguais camisas sociais alaranjadas gravatas pretas e cujos paletós estavam pretos nos encostos das respectivas cadeiras. Mesa grande e farta de copos pratos cinzeiros bolsas coisas carteiras cigarreiras isqueiros blocos carteiras pastas canetas galeteiros talheres fumaça baldes taças.

é a barra pesada que está chegando
tudo menina, menino joia dançando

Banheiro, espelhinho sobre a pia, uma colega cafunga a segunda, oferece a nota mas Sheyla "não, tá cedo, valeu", girando o copo nas mãos pensando "essa não vai durar muito" ou algo parecido. Quando a outra sai ela entra no reservado, senta no vaso à uma e 42 e confere: cartão de crédito fica, carteira do clube lixo, talão de cheque fica, foto da família lixo, dinheiro — opa! — fica.

1h53, ela enche seu copo e observa Aderbal conversar sobre automóveis de luxo com um dos laranjas olhando de soslaio pra garota do pó relando o joelho na coxa da peituda. Sheyla dá um grande gole, nota que todos parecem felizes sorrindo, ela sabe de uma maneira secreta que não e por isso se sente em casa, em família, à vontade agora sim, senta no colo dele já a língua na orelha.

Às 2 e 15 madrugada Aderbal, como ele disse, para o carro no vermelho, põe a mão na coxa de Sheyla, sorri confiante o que a faz olhar pra ele fingir de bêbada o que o faz ressorrir confiante enquanto sobe a mão o que a faz fingir um leve tremor e fechar os olhinhos.

sou cartomante de esquina
sou bailarina de um cabaré

São 3h13 no 9º andar quando Aderbal e Sheyla se grudam no elevador: ele aperta ela que se aperta nele, ele parece bem entusiasmado, ela parece distante; lá embaixo o porteiro gruda o olho bom no monitor e pensa "gostosa" exatamente isso "puta vagabunda gostosa" chega a dizer.

São 3h36 agora Sheyla está escornada no sofá, as pernas esticadas sobre os pufes, as sandalinhas de couro penduradas numa cadeira, xicrinha de café forte sem açúcar fumegando nos lábios, viajando numa gravura colorida sobre o som, tranquila. Aderbal ajoelhado sobre o tapete, pelado, se esfalfa entre as pernas dela e quando ele parece a ponto de desistir ela "quer dar um tirinho, cowboy?" ao que ele se faz de bobo "cheirar um pó? é isso?" Sem responder Sheyla se levanta passando lentamente a perna sobre ele, estica quatro carreiras no tampo de vidro da mesa às 4h08 quando Aderbal está para cheirar cocaína pela primeira vez na vida; aproveitando que a esposa viajou a trabalho; depois do futebol aquela cervejinha; a dica de um amigo solteiro. Ele se inclina com a nota entuchada na narina e nem parece sua estreia, emenda a segunda na primeira e se levanta aquele sorriso confiante idiota na cara e Sheyla encosta afoita a nota no naso, se aproxima e — não! — espirra espalhando pó na mesa toda nos jornais envelopes contas papéis chaveiro carteira xícaras copos garrafa.

Ele solta aquela gargalhada às 4h12 mas Sheyla faz beicinho "pô, tava afins de dar um grau, gostosão", algo perto disso; "tudo bem, potranca", bem assim, e ele abraça paternal o pequeno corpo nu de Sheyla e vai tangendo ela pro quarto, mas ela faz um rápido giro e com o canto do olho registra o ponto exato onde ela ficou "beirada, depois do jornal, chave-barulho perto", empurrando na direção da suíte doidão excitado.

me mandando pela louca madrugada
com um cigarro aceso em cada mão

Às 5 da manhã ele ronca forte. Sheyla abre os olhos, pega brincos colar telefone bolsa, levanta alerta se sentindo muito bem obrigada; no banheiro confere que está viva, desta vez sim; refaz a maquiagem, pega a carteira; às 5h15 no 7º andar tecla uma mensagem, envia, sorri pra câmera de segurança. Às 5h18 Sheyla senta no banco do jardim do prédio, tira as sandalinhas, sorri cúmplice pro porteiro "a senhorita quer que chame um táxi?" ao que ela apenas acena sorridente um não suave e cansado. Ela pisa no cimento áspero frio do passeio, olha pros dois lados da rua, procura um passarinho que não está na árvore, decide que pela direita é melhor e vai

porque o ser humano
seja homem ou mulher
é uma eterna criação

cantarolando bem assim, feliz.

Este livro foi composto com tipografia Minion Pro e impresso em papel Chamois Bulk 80g na Formato Artes Gráficas.